Georg Vardakis

Als der Krieg nach Kreta kam

Georg(ios) Vardakis (1935 – 2023) wurde in Chania auf Kreta geboren. Er studierte Medizin in Wien und Göttingen und promovierte zum Dr. med. Nach dem Militärdienst in Griechenland machte er seine Ausbildung zum Facharzt für Urologie an den Universitätsklinika Göttingen und Düsseldorf, wurde 1972 Oberarzt in Hamm und ließ sich 1976 in Celle nieder. 1986 bekam er die Zusatzbezeichnung Arzt für Psychotherapie. Georg Vardakis war seit 1972 deutscher Staatsbürger.

Georg Vardakis

Als der Krieg nach Kreta kam

Erinnerungen an meine Kindheit

Bibliografische Information Der Deutschen Bibliothek
Die Deutsche Bibliothek verzeichnet diese Publikation in der Deutschen Nationalbibliografie; detaillierte bibliografische Daten sind im Internet über http://dnb.ddb.de abrufbar.

Verlag Dr. Thomas Balistier
Egartstraße 19
D-72127 Mähringen
www.kreta-buch.de

5. Auflage Mähringen 2024

Redaktionelle Beratung: Ulla Fuchs
Umschlaggestaltung: PEAK Agentur für Kommunikation GmbH, Tübingen
Herstellung: bookpress.eu, Olsztyn (Polen)

ISBN 978-3-937108-23-0

Inhalt

Prolog

Braungebrannt und erholt zurück vom Urlaub auf Kreta, begegnete ich einem netten Bekannten, der einige Jahre älter ist als ich. Er erkundigte sich freundlich, ob ich in meiner Heimat Urlaub gemacht hätte. Ich entgegnete flachsend, dass Celle meine Heimat sei, nirgendwo sonst hätte ich so lange gelebt. Er machte eine leicht abwehrende Geste und sagte: er meine, ob ich auf Kreta gewesen sei. Auf mein fröhliches Ja reagierte er mit Kopfschütteln und der Vorhaltung, die Kreter hätten im Zweiten Weltkrieg die deutschen Soldaten misshandelt und gequält, hätten grausame Verbrechen an ihnen begangen, fürchterliche Dinge seien damals geschehen. Irritiert entgegnete ich ihm, davon sei mir nichts bekannt. Er aber blieb bei seinen Behauptungen. Bei einem Freund habe er Fotos davon gesehen.

Dass meine Landsleute jungen deutschen Soldaten so Schreckliches angetan haben sollen, beunruhigte mich sehr. Ich begann mich mit dieser Zeit zu beschäftigen, versuchte mich an Bilder aus meiner Kindheit zu erinnern. Das fiel mir zunächst schwer, schließlich waren mehr als 60 Jahre seitdem vergangen, vieles war vergessen, auch verdrängt. Geschehnisse und Gefühle zurück ins Bewußtsein zu holen, die rationale Auseinandersetzung mit Erlebtem und die quälende Wiederaneignung in der Kindheit beiseite geschobener Emotionen war mein Bemühen für die nächsten Monate. Es war der Beginn einer langen Leidensperiode. Beim Schreiben habe ich Erinnerungen und Gefühle an die Oberfläche geholt, die mich oft zu Tränen rührten.

Was habe ich erinnert? Nicht die Schrecken des Krieges und nicht die monströsen Verbrechen der deutschen Besatzung, die habe ich als Kind nicht mitbekommen. Ich erinnerte mich an das Kreta der 40er Jahre, an meine Drei-

Generationen-Familie mit den Großeltern, den Eltern und den Geschwistern und deren Stellung in der damaligen kretischen Gesellschaft und an das Alltagsleben, das kein Alltagsleben war wie in Friedenszeiten, sondern zwischen Mai 1941 und April 1945 ein Alltagsleben in Kriegszeiten.

Als ich mich zu diesem Erinnerungsbuch entschlossen hatte, wurde mir nicht nur klar, dass es fast unmöglich ist, Objektives und Subjektives fein säuberlich zu trennen, ich sah auch, dass ich die Chance hatte, die Kriegszeit aus ungewöhnlicher Perspektive lebendig werden zu lassen - aus der Sicht eines Kindes.

Ich konnte nicht über die militärtheoretischen Aspekte des Krieges und der deutschen Besetzung schreiben, nicht über Kriegshandlungen und den Widerstand der Kreter und nicht über die Verbrechen der Deutschen an der kretischen Bevölkerung. Und ich wollte auch nicht die Vorhaltungen meines freundlichen Nachbarn entkräften, sie sind längst widerlegt und als Schutzbehauptungen gewisser Deutscher zur Rechtfertigung der von Deutschen an Kretern begangenen Verbrechen entlarvt.

Was meinen Bekannten angeht, bin ich inzwischen nachsichtig geworden, denn ich weiß heute, dass er 1927 geboren wurde, 1933 eingeschult und mit 16 Jahren aus der Schulbank geholt und als Flakhelfer eingesetzt worden war. Er war also als Kind und Jugendlicher der Indoktrination durch die Nationalsozialisten ausgesetzt und in diesem Sinne auch ein Opfer. Die Journalistin und Schriftstellerin Sabine Bode nannte diese Generation einmal *die vergessene Generation* und schreibt in ihrem gleichnamigen Buch einfühlsam über sie. Aber auch einer solchen Generation ist es zuzumuten, sich mit der Vergangenheit realistisch auseinanderzusetzen und sich nicht darauf zu beschränken, ehemalige NS-Propaganda zu rekapitulieren oder zu variieren.

Ich berichte über die Zeit des Krieges also aus der Perspektive eines kretischen Kindes. Dabei ist mir sehr bewußt, dass Erinnerungen nur ein Ausschnitt der Wirklichkeit sind und der Erinnernde intuitiv und auch absichtlich eine Auswahl trifft. Zudem verändert das Erinnern das Erinnerte, das selbstverständlich nicht gleichzusetzen ist mit der historischen Wahrheit. Und dennoch: Es ist *meine* Kriegsgeschichte, und in diesem Sinne ist sie zugleich wahr und wahrhaftig.

Erstes Kapitel

Meine ersten Kriegstage

Im Oktober 1940 holte mich mein acht Jahre älterer Bruder Andreas eines Tages von der Schule ab, setzte mich auf die Stange seines Fahrrads und brachte mich zu unserem Landhaus *Kapsalonas*. Auf meine Frage, warum er das tue, sagte er, es gebe *polemos.* Ich fragte ihn, ob das was Schlimmes sei, und er antwortete: „Ja, ganz schlimm." *Polemos* ist das griechische Wort für Krieg, und Krieg bedeutet natürlich Gefahr. Ich erinnere mich, dass wir die ganze fünf Kilometer lange Strecke schwiegen.

Als dann am 20. Mai 1941 der Angriff auf Kreta begann, war ich sechs Jahre alt. Kurz vorher hatte mein Vater die Mutter, uns fünf Kinder, seine jüngste Schwester und seinen blinden Vater nach Nerokouros gebracht. Das kleine Haus, in dem wir unterkamen, stand neben einem britischen Feldlazarett mit großen roten Kreuzen auf dem weißen Dach. Auch mein Bruder Phoibos (gesprochen: Fiwos) konnte sich als Erwachsener noch gut an unseren Umzug in das *Haus neben dem englischen Lazarett* erinnern, und zwar deswegen, weil man uns Kleine für die zwei Kilometer lange Strecke auf ein Maultier gesetzt hatte, und das hatte die schlechte Angewohnheit, mit Vorliebe am Wegrand zu laufen. Da der Weg an einer Schlucht entlang lief, konnten wir vom Maultierrücken aus fast sieben Meter in die Tiefe sehen, was uns große Angst machte.

Diese provisorische Notunterkunft der Familie in Nerokouros lag am Berg Malaxa. Von hier aus konnte man die Bucht von Chania und den Hafen von Souda sehen. Ich erinnere mich, dass dort englische Kriegsschiffe aus der Luft angegriffen worden sind und nach stundenlangen Explosionen untergingen, und an Luftkämpfe über dem Golf von

Chania. Ich wußte auch, dass in Maleme fünf *Spitfire* und drei *Hurricanes* stationiert waren, und dass die Piloten, wenn sie von einem Kampfeinsatz zurückkamen, eine Schraube flogen, wenn sie eine feindliche Maschine abgeschossen hatten, und mit den Flügeln wackelten, wenn es nur ein Treffer war. Meine Begeisterung als Kind war unbeschreiblich.

Doch eines Tages waren die englischen Flugzeuge verschwunden. Es herrschte große Unruhe unter den Erwachsenen. An einem Nachmittag, als einige von ihnen und ein paar Engländer vor der Tür beisammen saßen, sprang plötzlich einer auf und schrie: „Ein deutscher Soldat." Es war aber nur ein Mann in grauer Kleidung, der auf einem Motorrad vorbeifuhr. Die Engländer waren ohne Hektik aufgestanden und zum Lazarett zurückgegangen. Das ist mir deshalb in Erinnerung geblieben, weil, nach meinem Verständnis als Sechsjähriger hätten sie diesen Mann, also den Feind, ergreifen oder auf ihn schießen müssen.

Es muss der 19. Mai 1941 gewesen sein, als wir in stockdunkler Nacht hinter der Halbinsel Akrotiri Schiffskanonen aufblitzen sahen, danach gab es einen Treffer mitten in der Bucht, und ein Schiff brannte und versank. Das hielt an bis etwa zwei Uhr, ich hatte so lange auf bleiben dürfen. Ich erinnere mich an die Kommentare der Erwachsenen, die dahin gingen, dass sich keiner erklären konnte, wieso es keine Fehlschüsse gab. Von Radar hatte man damals noch nichts gehört. Offensichtlich auch nicht die Deutschen, die beschossen wurden.

Am nächsten Vormittag bombardierten deutsche Flugzeuge die Stadt Chania, und wir konnten von der Anhöhe aus den Angriff beobachten. Ich hörte Sätze wie „Die haben das Haus vom Soundso getroffen" und ähnliche. In den folgenden Tagen wurde ein Drittel der Stadt zerstört. Am 27. Mai wurde Chania dann von den Deutschen eingenommen. Chania hatte zu der Zeit etwa 40.000 Einwohner.

Gegen sechs Uhr morgens begannen in der Gegend von Aya und Alikianou die ersten Fallschirmjäger abzuspringen. Bis es dunkel wurde hörten wir Maschinenpistolen in der Ferne knattern. Das ging zwei Tage so, dann kamen die Schüsse näher, und die Nervosität der Erwachsenen stieg ins Unermessliche. Großvater ermahnte uns immer wieder, ruhig zu sein, damit die Flieger uns nicht hören. Phoibos und ich kicherten, alle anderen blieben ernst und beruhigten den alten Mann.

Die Engländer hatten inzwischen das Lazarett aufgegeben, und mein Bruder Andreas, der damals 15 Jahre alt war, hatte von dort Lebensmittel *organisiert* und sie in einem Steinofen hinter dem Haus versteckt. Die Kampfhandlungen waren inzwischen so nahe bei uns, dass wir unter Betten und Tische krochen, um geschützt zu sein, wenn das Dach einstürzen würde. Am Nachmittag klopfte es an der Tür - wie man sich leicht vorstellen kann, nicht sehr höflich. Deutsche Soldaten mit der Maschinenpistole im Anschlag drängten ins Haus. Sie fragten, ob hier Soldaten seien oder sich versteckt hätten und durchsuchten alles.

Dann kamen fünf, sechs Deutsche ins Haus zurück, und sie aßen von den Konserven, die Andreas im Steinofen versteckt hatte. Einer nahm den dreijährigen Phoibos auf den Schoß und fütterte ihn und scherzte mit ihm. Phoibos konnte sich noch nach 60 Jahren daran erinnern, dass dieser Soldat ein blauweißes Tuch um den Hals gehabt hat. Ich hielt die ganze Zeit die Hände in die Höhe und schluchzte nervtötend. Wie Phoibos gefüttert zu werden, habe ich mit Kopfschütteln abgelehnt. Es dauerte seine Zeit, bis mich die Erwachsenen beruhigen konnten.

Ein sehr groß gewachsener Soldat, der Schorf unter der Nase hatte, wohl von einer Schussverletzung, stand essend neben mir und ging dann plötzlich hinaus. Als er wieder zurück war, zog er unter seinem Mantel ein Brot hervor und steckte es heimlich in eines der Betten. Ich erinnere mich noch ganz genau, dass die anderen Soldaten weg geschaut haben. Die Soldaten erschienen mir ziemlich alt. Sicher waren sie erst 30 und sicher gehörten sie dem Mittelstand an mit ihren guten Manieren, die sie auch im Krieg nicht verloren hatten. Auch ihr Verhalten gegenüber ihrem Offizier war nicht das von Untergebenen, es war von großem Respekt geprägt. Nach etwa einer Stunde waren die Soldaten wieder weg.

Am nächsten Tag verließen wir diesen Ort. Andreas brachte meinen Bruder Phoibos und mich als Letzte von der Familie von Nerokouros zu unserem Landhaus *Kapsalonas* zurück. Dort stand auf dem Hof ein großer Kessel, aus dem es dampfte. Plötzlich schrie jemand: „Der Papa kommt, er lebt!", und es herrschte große Aufregung. Erst da wurde mir klar, dass die Erwachsenen davon ausgegangen waren, dass Vater umgekommen ist. Im Kessel waren Kleider, die schwarz umgefärbt werden sollten. Diese Szene werde ich nie vergessen können.

Passiert war folgendes: Mein Vater war wieder in unserem Landhaus, als die Deutschen von Westen her vorrückten und die Engländer ihre Linien verteidigten. Nachdem er sich den Engländern mit einer weißen Fahne zu erkennen gegeben hatte, gaben sie ihm ein Zeichen zu flüchten, was ihm auch gelang. Auf dem Weg nach Chania überholte ihn dann ein Lastwagen mit englischen Soldaten, und mein Vater nahm ein Taschentuch aus der Tasche, um ihnen zuzuwinken. Da zog ein Soldat seine Pistole und schoss auf ihn - zu unser aller Glück eine Handbreit an seinem Kopf vorbei. Der Soldat hatte wohl angenommen, dass mein Vater eine Waffe ziehen wollte. Als er seinen Irrtum bemerkte, machte er eine entschuldigende Geste.

In Chania angekommen ging mein Vater in seinen Betrieb und fand dort einen deutschen Soldaten vor, der auf einer Laufleiter stehend im Ersatzteillager eine Schublade nach der anderen aufzog und hinunter warf. Vater versuchte ihm mit Gesten zu vermitteln, dass er ihm helfen wolle, aber der Soldat kam runter, setzte ihm die Pistole an die Stirn und stellte ihn an eine Wand. Er betrieb dieses Spiel noch eine Zeitlang weiter, dann verschwand er. Mein Vater meinte, der Soldat sei betrunken gewesen, und er habe ein Fahrzeug mit durchschossenem Kühler vor der Tür stehen lassen. So kam es, dass mein Vater mit Tagen Verspätung in unser Landhaus zurück kam, wo er eine trauernde Familie vorfand, die dachte, er sei zu Tode gekommen.

Ein paar Tage danach wimmelte es in Haus und Hof von deutschen Soldaten. Sie hatten 15 Tage frei bekommen nach der Schlacht und waren etwa 300 Meter von unserem Haus entfernt in Baracken untergebracht. Einige von ihnen machten an unseren Eukalyptusbäumen Seile fest und schaukelten darauf. Die deutschen Soldaten suchten erkennbar Kontakt zu uns. Meiner Mutter, die sie *Mutti* nannten, brachten sie ihre Sommerhosen zum Kürzen, weil sie ihnen zu lang seien. Ich war zwar noch klein, aber nicht so naiv, dass ich nicht gemerkt hätte, dass meine Schwestern - 17 und 19 Jahre alt - der Anlass waren für die große Freundlichkeit der Soldaten. Marika, die ältere, spielte Klavier wie auch einer der Soldaten. Über ihn wurde in der Familie immer wieder gesprochen. Sein Name war Christian, aber meine Schwestern nannten ihn *Eiffelturm*, weil er sehr groß war.

Phoibos und ich mussten abends immer schon um acht im Bett sein, weshalb wir nicht mitbekamen, was sich eines späten Abends in unserem Haus abgespielt hat. Am Morgen fand ich eine aufgewühlte Familie vor, die wortkarg und unstet umherlief. Ich erfuhr, dass ein deutscher Soldat beim Abendappell vermisst worden war, nämlich Christian. Die Einheit war in Alarm versetzt worden, und die Verdächtigen waren schnell ausgemacht - nämlich wir. Etwa um neun Uhr hatte es an der Tür geklopft, Andreas hatte aufgemacht, und Soldaten mit Maschinenpistolen waren herein gestürmt. Am Esstisch saßen mein Vater, meine Mutter, die drei älteren Geschwister und Christian, der gerade ein Spiegelei aß. Er saß mit der Gabel auf halbem Wege zum Mund wie versteinert da. Die Soldaten waren verdutzt und riefen den anderen, die das Haus umstellt hatten, laut etwas zu und sagten dann etwas zu Christian, das ihn erblassen ließ. Was seine Kameraden zu ihm gesagt hatten, kann ich mir heute lebhaft vorstellen. Nachdem er hinaus geschleift worden war, waren die Unteroffiziere ins Haus gekommen, hatten die Hacken zusammengeschlagen, militärisch gegrüßt und offenbar etwas zu ihrer Entschuldigung gesagt. Sie wiederholten das Ganze und verließen dann das Haus. Nach ihnen kamen die Soldaten, die das Haus umstellt hatten, und wiederholten die Entschuldigung mit Grüßen und Hackenschlagen.

Ich erinnere mich an den Tag danach als ob es gestern gewesen wäre. Gegen elf Uhr erschienen zwei Unteroffiziere mit einem Blumenstrauß, grüßten militärisch, sagten etwas und gingen wieder. Etwas später kamen nochmal zwei Soldaten, diesmal ohne Blumen, grüßten, sagten etwas auf Deutsch und gingen wieder. Ich erinnere mich, dass alle in meiner Familie stumm blieben, nur verlegene Gesten machten. Etwa eine Woche ließ sich kein deutscher Soldat mehr blicken, dann kamen sie zu dritt und zu viert zum Kaffee und waren sehr formell. Es waren nicht mehr die freundlichen Jungs vom Anfang. Nach einigen Tagen haben sie Kreta verlassen.

Meine Familie verhielt sich in diesen Tagen wie einmal deutsche und englische Soldaten im Ersten Weltkrieg an der Westfront zu Weihnachten: Für eine kurze Zeit schwieg der Krieg zwischen den Fronten.

Nach der Eroberung der Insel begann im Juni 1941 die Zeit der deutschen Besetzung, die bis zur bedingungslosen Kapitulation der Deutschen am 8. Mai 1945 andauerte.

Zweites Kapitel

Die Familie Vardakis

Das alte Kreta

Nach der Unabhängigkeit Kretas im Jahr 1898 kann die soziale und kulturelle Entwicklung der Insel nur als logarithmisch wachsend bezeichnet werden. Der Name meiner Familie hatte in der kretischen Gesellschaft früher großes Gewicht, heute rangiert er unter ferner liefen. Auch wenn die narzisstischen Anteile in mir dagegen protestieren, muss ich sagen: Gott sei Dank, denn früher ist die Familie aufgefallen, weil sie nicht nur westeuropäisch geprägt war, sondern auch so lebte. Heute hat die soziale Welt auf Kreta und auch im übrigen Griechenland wenig mit der von 1910 oder 1940 gemein. Wer die Insel während der letzten drei Jahrzehnte besucht hat, kennt nicht annähernd das Kreta von 1941 - nicht annähernd!

Bevor ich 1954 Kreta verließ, um in Wien zu studieren, kaufte ich mir das statistische Jahrbuch der griechischen Regierung und las es sehr gründlich. 52 Prozent aller Kreter waren danach 1950 noch Analphabeten. Das ist leicht zu verstehen, wenn man bedenkt, dass zu dieser Zeit 95 Prozent der Kreter die Befreiung von der osmanischen Herrschaft 1898 als Analphabeten erlebt haben. 1962 waren schon 98 Prozent der Landesfläche Griechenlands mit Strom versorgt. Selbst die Bewohner der ländlichen Gegenden hatten elektrisches Licht und konnten Zeitung lesen, wenn es draußen dunkel war. Während meiner Militärzeit 1963/64 nahm der Zeitungsverkauf in Griechenland jährlich um etwa 20 bis 25 Prozent zu. Und allein von 1946 bis 1950 wurden in diesem bergigen Land von der Größe Bayerns von den Pioniereinheiten des Militärs 8000 Kilometer Straße gebaut. Das entspricht beinahe der Strecke München-Tokio.

Kreta musste sich nicht nur im technischen Bereich von der Stadt hin aufs Land entwickeln. Es lebten in den Städten auch schon 1940 Menschen mit dem kulturellen Niveau von Westeuropäern. Vor der Unabhängigkeit 1898 galt man in der Stadt schon als gebildet, wenn man des Lesens und Schreibens mächtig war und so viel Geld hatte, um zum Studium auf das befreite Festland gehen zu können, wie meine Großeltern väterlicherseits.

Die Entwicklung der Kreter von einem durch die Osmanen unterdrückten Volk hin zum zivilisatorischen Niveau Westeuropas konnte nicht abrupt, konnte nur allmählich erfolgen und ist heute sicherlich noch nicht ganz vollzogen. Das klingt überheblich, dieses Faktum hat jedoch praktische Konsequenzen. Wenn 1940 ein Holländer, Däne oder Deutscher mit humanistischer Bildung - also jemand, der in der Schule Griechisch und Latein gelernt hatte - Griechenland nicht nur mit der Seele suchte, sondern *realiter*, fand er eine Diskrepanz vor zwischen dem Bild, das sich in seinem Geiste geformt hatte und der Realität vor Ort. Den Perikles der Antike suchte man vergeblich; unter diesem Namen ließ sich vielleicht ein Kellner finden in einem Café. Wenn also nach Joachim Fernau die Deutschen die echten Spartiaten sind, dann kann man die Griechen von damals getrost den Heloten zuordnen. Die Kreter waren pittoresk, aber keine adäquaten Gesprächspartner.

Selbstverständlich gab es auch zu Beginn des 20. Jahrhunderts gebildete Kreter, z. B. den 1883 in Iraklion geboren Nikos Kazantzakis. Er lebte einige Jahre in Deutschland und schrieb auch auf Deutsch. Manch ein deutscher Griechischlehrer hat bei Professor Kaltsunakis studiert, der an der Humboldt-Universität in Berlin gelehrt hat. Ihm wurde 1933 der Lehrstuhl entzogen, warum, brauche ich nicht zu erklären. Als ich das Buch *Der Koloss von Maroussi* von Henry Miller las, habe ich mich aber doch sehr gewundert, wie viele gebildete Menschen Miller in Iraklion getroffen haben will.

Als ich 1953 bei der Abiturklassenfahrt nach Knossos mit Freunden der Familie im Restaurant *Knossos* saß, das zu der

Zeit beste Hotel der Stadt Iraklion, kam plötzlich ein alter kleinwüchsiger Mann herein und gab einem Kellner eine Order. Ich sprang vom Stuhl auf und rief: „Das ist doch Somerset Maugham!“ Meine Gastgeber konnten mit diesem Namen jedoch nichts anfangen, und ich habe mich entschuldigt. Ich hatte schon als Siebzehnjähriger sein Buch *Razor's Edge* in griechischer Übersetzung gelesen und ein, zwei Kurzgeschichten von ihm, von denen ich aber nur die griechischen Titel kenne.

Was ich über mich schreibe, soll auf keinen Fall als Angeberei verstanden werden. Ich bin mir sehr bewußt, dass ich mich niemals würde messen können an zweien meiner Freunde aus Iraklion: Harilaos M. und Konstantin K. Ersterer las 1955 in Wien mindestens 50 Bücher im Jahr, der andere lebte in Deutschland und las auch sehr viel, und wenn er sich langweilte, nahm er sich Proust auf Französisch vor oder die *Göttliche Komödie* auf Italienisch. Beide waren damals etwa 20 Jahre alt.

Zum besseren Verständnis: In Städten wie Chania oder Iraklion gab es in meiner Jugend etwa 400 Familien, für die das westeuropäische Bildungsniveau als Maßstab galt. Heute hat sich ihre Zahl vervielfacht und erhöht auf 50 Prozent und mehr.

Was haben die befreiten Kreter ab 1898 denn getan? Haben alle angefangen Französisch und Englisch zu lernen und Klavier zu spielen? Nein, natürlich nicht. Jede Familie entwickelte sich nach eigenen Werten und Normen - und natürlich nach ihren finanziellen Möglichkeiten. Die allermeisten lebten von der Landwirtschaft und waren arm. Es waren nur wenige, die die Mittel hatten für eine höhere Bildung, und sehr viele, die sie nicht hatten.

Meine Großeltern

Andreas Vardakis, mein Großvater väterlicherseits, wurde 1869 auf Kreta geboren. Kurz nachdem die türkische Armee von Ägypten aus Kreta überfallen hatte, wanderte er nach

Athen aus, wo er eine Entwicklung als freier Grieche genießen konnte. Er besuchte das Gymnasium und studierte anschließend Medizin. Später absolvierte er in Paris eine Fortbildung an der Sorbonne. Nach der Befreiung Kretas 1898 kam er als Arzt zurück und heiratete in Chania die Tochter eines griechischen Richters aus der Eparchia Selino. Meine Großmutter Maria hatte eine Mädchenschule für höhere Töchter in Athen absolviert.

Andreas und Maria Vardakis (1887)

Meine Großeltern bekamen sieben Kinder. Mein Vater Konstantin, geboren 1899, war der Älteste. Dann kamen Georg (*01), Efrossini (*03), Miltiadis (*08), Nikostratos (*10), Kimon (*12) und Despoina (*14). Sie absolvierten alle das Gymnasium - bis auf Miltiadis, der rebellisch war und nach der siebten oder achten Klasse das Gymnasium verließ.

Schwierig wurde das Leben für die Familie ab 1903, als mein Großvater wegen einer Netzhautablösung immer schlechter sehen konnte. Er war sogar in Wien in der Hoffnung, dass man ihm dort würde helfen können. Er fand diese Stadt ausnehmend schön und schwärmte ständig von ihr.

Die Eltern Anfang der 20er Jahre

Jedoch helfen konnte ihm auch in Wien niemand.

Während des Ersten Weltkrieges erblindete mein Großvater dann völlig, so dass mein Vater im Alter von 14 Jahren mehr oder weniger die Führung in der Familie übernehmen musste, was er nach dem Prinzip tat: „Ich sage, wo es lang geht, und ihr macht was ich sage." Die Geschwister, außer Georg und Efrossini, waren deutlich jünger als er, Miltiadis mit der ihm eigenen Neigung zum Ungehorsam sogar achteinhalb Jahre.

Mein Vater

Konstantin Vardakis hielt zusammen mit seinem Bruder Georg die Familie über Wasser. Großvater hatte zwar einiges angespart, aber bei sieben Kindern kann man sich die finanziellen Verhältnisse leicht vorstellen. Hier passt der bekannte Ausspruch: *Die Familie ist nicht arm, sie hat nur kein Geld.*

Während seines Jurastudiums bekam auch mein Vater Schwierigkeiten mit den Augen. Immer häufiger sah er alles wie durch einen roten Schleier, und er geriet in Panik. Sein Vater, der Arzt, inzwischen blind und hilflos, riet ihm, seine Augen zu schonen. Da gab mein Vater sein Studium nach dem zweiten Jahr auf.

Als Soldat im Kleinasienkrieg war mein Vater mit 21 Jahren als Direktor des Postamtes von Izmir eingesetzt. Als er 1922 aus dem Krieg zurückkam, war er verheiratet und hatte eine kleine Tochter. Er hatte kein Geld und war

Vater gegen Ende des Krieges

zudem mit der von ihm abhängigen Familie belastet. Seine Mutter, meine Großmutter, war ein paar Jahre vorher an Tuberkulose gestorben. Mein Vater und sein Bruder Georg bekamen eine Stelle beim Postamt von Chania, wo mein Vater, und ich glaube Onkel Georg auch, den Telegraphen bediente; jedenfalls konnte er morsen, das hat er mir einmal vor Fremden demonstriert, die die Morsezeichen dann laut entzifferten.

Um das Jahr 1922 gründeten zwei Vertreter von der Autofirma Ford in Detroit (USA) in Chania eine Niederlassung. Sie suchten Mitarbeiter, die diese Vertretung einmal übernehmen sollten. Mein Vater bewarb sich und wurde angelernt. Er war offensichtlich ein Musterschüler, denn von 1924 bis 1941 gab es in Griechenland nur drei Niederlassungen von Ford, die von Detroit anerkannt waren: in Athen, in Saloniki und in Chania. Mein Vater war der einzige griechische Geschäftsführer; Athen und Saloniki wurden von Amerikanern geführt.

Onkel Georg wurde Geschäftspartner meines Vaters. Die beiden verkauften Autos und Autoreifen und investierten auch in Busse und Taxis. Als ich 1935 zur Welt kam, waren sie sehr wohlhabend und gehörten zur sozialen Oberschicht auf Kreta. Unter anderem besaßen sie eine Montagewerkstatt, wo Fahrzeuge aus den aus Amerika angelieferten Teilen zusammengebaut wurden. Soweit ich mich erinnern kann, beschäftigten sie 23 Techniker.

Als Familienoberhaupt sorgte mein Vater dafür, dass alle seine Geschwister bei der Schul- und Berufsausbildung die besten Möglichkeiten für ihr Leben bekamen. Onkel Nikostratos wurde in den 30er Jahren zum Ingenieurstudium nach Padua geschickt; Onkel Kimon studierte Mathematik in Athen und wurde Lehrer; Tante Efrossini heiratete sehr jung einen Juristen, der in der liberalen Partei von Venizelos den Posten eines Generalsekretärs bekleidete, was damals jedoch ein weniger bedeutender Titel war; Tante Despoina heiratete 1943 Nikos P., der Direktor des Postamtes und ein alter Freund der Familie war. Nur Onkel Miltiadis schlug aus der Art; er war weiter rebellisch und wurde Kommunist. Unter Metaxas - ein Diktator nach der Art von Salazar, Franco und Mussolini - wurde er auf die Insel Anaphi bei Santorin verbannt. Er schrieb später Kurzgeschichten in der nicht leichten kretischen Mundart. Diese lustigen Geschichten galten bei der Fakultät für griechische Literatur als Lehrbeispiel. Als Mensch war er einer der Liebsten.

1942 war ein sehr hartes Jahr für meinen Vater und für die ganze Familie. Sein Bruder, Onkel Georg, der erst seit 1938 verheiratet war, starb an Tuberkulose. Nach seinem Lieblingsbruder starb nach einer Prostata-Operation auch sein Vater. Großvater hatte wegen seines Alters und seiner Blindheit nicht mehr viel helfen können. Zuletzt hörte er viel Radio, ließ sich die Zeitung vorlesen und schrie ständig laut: *Ich habe Hunger*! Wir Kinder haben uns damals sehr geschämt! Ab diesem Jahr hatte mein Vater ganz alleine die Verantwortung für die Familie.

Meine Mutter

Meine Mutter Evangelia wurde 1905 in der Nähe von Izmir (Cesme) geboren. Als sie 1922 mit einem Kind im Arm nach Kreta kam, war sie erst 17. Zu ihrer großen Überraschung musste sie die Mutterrolle für einen Großteil der Geschwister ihres Mannes übernehmen. Ein Zuckerschlecken war das nicht. Sie war jedoch sehr fleißig und hatte großes Verantwortungsgefühl. Alle meine Tanten und Onkel haben

Mutter um 1943

immer wieder ihre Leistung und ihren Einsatz gelobt.

Meine Mutter hatte eine besondere Art, ihren Sorgen Ausdruck zu verleihen. Gestik, Stimme und Mimik waren von homerischer Ausdruckskraft. Ich weiß heute, dass sie in der Kriegszeit schwer trug an der Verantwortung, die sie für eine so große Familie hatte, dass sie extrem stark belastet war.

Schon vor meiner Geburt hatte unsere Familie ein bewegtes Leben, dann kam ich und dann noch Phoibos, und dann kam der Krieg mit all seinen Folgen. Meine Mutter war jedoch zäh, sie hatte - sie möge mir da, wo sie jetzt ist, den Ausdruck verzeihen -, was man bei Pferden den Vorwärtstrieb nennt. In dieser großen Familie und mehr noch im Krieg hat sie Leistungen vollbracht, für die ich sie heute sehr bewundere.

Mutter war eine sehr gute Köchin und schaffte es, selbst in den schlimmsten Notzeiten eine Mahlzeit auf den Tisch zu bringen. So konnte sie z. B. Rebhühner oder anderes Geflügel mit einer einmaligen Salmi-Sauce zubereiten. Ein- oder zweimal im Jahr schlachtete ein Bauer aus der Nachbarschaft eines von unseren Lämmern oder ein Schaf. Für das Fleisch bereitete meine Mutter eine Marinade aus den Körnern von selbst angebautem Senf. Sie röstete die gemahlenen Senfkörner mit einem riesigen glühenden Nagel und vermengte sie dann mit Essig und Öl. Der Geschmack dieses Fleisches ist mir noch gut in Erinnerung.

Brot in unserem Steinofen backen konnte sie perfekt. Wir hatten eigenes Getreide und ließen es in der Mühle mahlen. Mit unseren eigenen, wenn auch primitiven Mühlsteinen, die man mit der Hand drehen musste, wurde ein grobes Halb-

oder Viertelkorn hergestellt, Graupen, aus denen meine Mutter zusammen mit Sauermilch einen Brei kochte. Diesen Brei ließ man trocknen zu einer Art Zwieback zum Aufbewahren. Das war eine eher mittelalterliche Prozedur. Mit Milch konnte man die Brocken dann wieder verflüssigen - es schmeckte scheußlich. Dennoch war es eine bravouröse Leistung meiner Mutter. Wir waren jedenfalls froh, dass es überhaupt etwas zu essen gab. Noch Jahre später, als ich von meiner deutschen Schwiegermutter hörte, dass dieser Graupen-Zwieback auch in ihrer Heimat Königsberg gegessen wurde, erinnerte ich mich noch mit Abscheu daran.

Auch was die Wäsche und die Kleidung betraf, leistete meine Mutter Außerordentliches. Phoibos und mich versorgte sie während der Zeit der Besetzung mit selbst genähten Kleidern. Unsere kleinen Hosen machte sie aus alten Hosen meines Vaters. Schuhe waren ein Luxus, den man sich auf dem Land nur schwer leisten konnte. Kein Geld, kein Leder, und ich erinnere mich, dass ich einmal die Schuhe besohlt bekam mit Gummi von einem Flugzeugreifen, das so rund war, dass ich kaum gerade stehen konnte. Unsere Mäntel nähte meine Mutter aus Militärdecken, die die Engländer bei ihrer Flucht zurückgelassen hatten. Und am Ende des Krieges waren die Bettlaken so oft geflickt, dass man kaum noch den Originalstoff erkennen konnte.

Zwei Begebenheiten charakterisieren meine Mutter besonders gut. Eines Tages machte sich ein vagabundierender italienischer Soldat über unser Gartengemüse her. Meine Mutter nahm einen Besen, ging auf ihn los und schlug ihn auf den Rücken. Der Mann bäumte sich auf und sagte: *Io sono fascista*. Sie antwortete ihm darauf energisch: *Na und du fanfarone* (Angeber)? Dieses Wort hatte mich so beeindruckt, dass ich es in meinen Wortschatz aufgenommen habe, auch weil der Italiener kleinlaut von dannen gezogen war.

Die andere Begebenheit hat zu tun mit ihrer Entschlusskraft. Nach der Ernte des Getreides und dem Dreschen hatte ein Huhn so gierig Körner gefressen und so viel Wasser getrunken, dass ihm der Kropf platzte. Das Huhn schien zu leiden, und als es umfiel, fing meine Mutter es auf und nahm es auf den Arm. Sie holte eilends ihr Nähzeug, nahm die Schere und schnitt dem Huhn die Haut über dem Kropf auf. Sie säuberte alles und spülte mit Wasser den Magen aus und nähte zuerst den Kropf, dann die Haut mit drei, vier Stichen zusammen. Dann ließ sie das Huhn wieder laufen. Wir staunten nicht schlecht. Kein Militärarzt hätte schneller und effektiver handeln können. Sie hielt das Huhn für einige Tage von den anderen Hühnern getrennt, dass es nicht frisst, und gab ihm nur zu trinken. Dieses Verhalten verdankte sich nicht großer Tierliebe, sondern reinem Realismus: das Huhn gehörte nämlich ihr! Meine Mutter war eine Frau der Tat, klein aber oho, und sie handelte nach dem Motto: *wat mut, dat mut.*

Sie hatte aber auch ihre Eigenheiten. Mutter ließ sich nicht gerne etwas sagen, was häufig zu Problemen in der Familie führte. Ich erinnere mich an eine Szene, die ich aus verständlichen Gründen nie vergessen kann. Ich muss vier, fünf Jahre alt gewesen sein und spielte hinter dem Haus mit anderen Kindern. Dabei hatte ich meine kurze helle Hose mit meinen Händen dreckig gemacht. Meine Mutter, die am

Marika, Elli, Andreas (1935)

Fenster saß und nähte, klopfte mit ihrem Fingerhut laut, sehr laut, an die Scheibe und machte mir Zeichen hereinzukommen, was ich natürlich tat. Ich musste meine Hände nach vorne und mit den Handflächen nach unten ausstrecken, und sie stach mir als Strafe mit der Nähnadel mehrmals in jeden Handrücken. Die Stiche bluteten und ich weinte. Meine Geschwister hatten das mitbekommen und erzählten es dem Vater. Vater sagte dann zu Marika, meiner ältesten Schwester, sie solle sich jetzt mehr um mich kümmern.

Von diesem Tag an war meine Mutter für mich die Obrigkeit - die Art ihrer Bestrafungen empfand ich stets als ihre Eigenart -, sie war für mich aber kein Leitbild mehr. Diese Rolle war von mir auf Marika übertragen worden; sie hatte ich einfach zu meiner Mutter erklärt, an ihr orientierte ich mich und an ihr hing ich sehr.

Lebensorte

Wenige Monate vor Kriegsbeginn hatte mein Vater in weiser Voraussicht ein Landhaus namens *Kapsalonas* und ein Stück Land dazu gekauft. Seinen Namen hatte es von einer ehemaligen Tuberkulose-Isolierstation an gleicher Stelle. Die Bezeichnung Landhaus wähle ich nur ungern, weil die Familie sie als prahlerisch empfinden würde. Es lag genau hundert Meter von der Landstraße entfernt und war eher eine Hütte aus Stein mit Nebengebäuden. Hier wohnten wir während der Schulferien so lange der Krieg dauerte.

Mein Vater hatte 200 Orangen- und Mandarinenbäume pflanzen lassen, und wir konnten Gemüse anbauen und Hühner halten. Der Hühnerstall war für kretische Verhältnisse sehr modern: Steinmauer, Ziegeldach, Stangen für die Hühner zum Schlafen und Nester mit Klappen für die Eier sowie ein umzäunter Hof von etwa fünf mal zehn Metern als Auslauf. Das Anwesen selbst war nicht umzäunt. Die eine Hälfte der Hühner war von der Rasse *Leghorn*, die andere Hälfte *Rhode Island*. Die weißen waren zum Eierlegen, die rotbraunen für den Kochtopf bestimmt. Ich erinnere mich, dass sie schnell alle waren.

Wie lange wir in dem Haus neben dem englischen Lazarett gelebt haben, kann ich nur schätzen. Ich vermute zwei bis drei Wochen, nachdem der nördliche Teil Griechenlands von den Deutschen besetzt worden war und klar wurde, dass sie bald auch nach Kreta kommen würden.

Die Menschen, die mit uns in diesem Haus untergekommen waren, sind mir in Erinnerung geblieben, weil sie mir später zur Vorlage von Romanfiguren wurden. So entsprach ein Bauer aus der Nähe, der als außerordentlich unfreundlich galt, in meiner Vorstellung dem Vormund der Heldin in *Die Elenden* von Victor Hugo. Auch ein Mann aus Athen, der einige Worte Deutsch konnte, wohnte mit seiner Tochter dort. Sie war in meinem Alter, aber sehr arrogant. Das muss ich sogar noch nach so vielen Jahren sagen. Sie sprach nicht mit jedem. Für mich war sie die Entsprechung der Scarlett in *Vom Winde verweht*. Von ihrem Vater sprach man mit viel Respekt, offensichtlich weil er gute Manieren hatte, aber ich würde ihn heute als normal höflich bezeichnen.

Da war die Witwe des Generals Papastergiou und ihre zwei Töchter, ein bisschen älter als meine Schwestern, also etwa 18 und 21 Jahre alt. Der General war kurz zuvor erschossen worden. Die Witwe war für Kinderaugen extrem dick. Als ich später den Kinderreim *Eine kleine Dickmadam, fuhr mal mit der Eisenbahn* hörte, sah ich immer diese Frau vor mir. Als ich meinen Militärdienst in Griechenland ableistete, war ich Standortarzt in Chania, wo eine Brigade stationiert war, mit dem Namen *Papastergiou*. Bei diesem Namen, musste ich schmunzelnd an die *Dickmadam* denken.

Während der Schulzeit wohnten wir in der Stadt. Unser Haus in Chania war 1902 gebaut worden, also vier Jahre nach der Befreiung Kretas. Und das sah man auch: Zur Straße hin hatte es eine klassizistische Fassade, es hatte zwei Stockwerke mit separatem Eingang und es reichte bis zur Straße dahinter.

Die Straße an der Vorderseite, die längste der Stadt, verband die damalige Altstadt mit dem angrenzenden Dorf, wo der Prinzregent, die Verwaltung und die Konsulate ihren Sitz hatten. Entlang dieser Straße wurden bis 1940 Häuser des aufkommenden Mittelstandes gebaut. Als die Luftwaffe die Stadt im Mai 1941 bombardierte, wurden die Häuser dieser Hauptstraße wohl aus Eigennutz verschont. So kam es, dass auf der hinteren Straße die meisten Gebäude durch 5-Kilo-Bomben zerstört worden waren. Auch unser Haus hatte auf der Rückseite einiges an Schäden abbekommen. Die obere Etage hatten die Deutschen okkupiert, wohl als Verwaltungsstelle, denn die Treppenstufen waren schwarz-rot-gold bemalt.

Mein Vater pendelte in der Zeit, als wir in Nerokouros waren öfter zwischen unserem Landhaus *Kapsalonas* und unserem Stadthaus, er wollte wohl beide nach Kräften vor Plünderung schützen. Es war gefährlich für ihn und immer ein Grund zur Sorge für die Familie.

Drittes Kapitel

Kriegskindheit

In der Stadt

Der König in Chania

Nachdem Athen gefallen war, floh der griechische König Georg II. samt Entourage mit Hilfe der Briten nach Chania. Für eine oder zwei Wochen blieb er dort im *Haus Pelekapina*, das der altehrwürdigen Familie Manos gehörte, und führte politische Gespräche, bis sich die Kriegshandlungen auf Kreta ausweiteten.

Prinz Peter von Griechenland, der Verbindungsoffizier der Griechen zu den Briten, war der Überzeugung, dass die Deutschen den König durch Bombardierung töten wollten. Der König und sein Anhang verließen das *Haus Pelekapina* und zogen zu einem Onkel meines Vaters nach Pervolia, etwa einen Kilometer weiter. Georgios Vardakis hatte Orangenplantagen, ein geräumiges Haus und das entsprechende bürgerliche Image. Ich hörte als Sechsjähriger das erste Mal von ihm und seiner Familie. Onkel Georgios hatte vier Töchter und zwei Söhne, Spiros und Ioannis. Ioannis war ein Jahr älter als ich, also sieben Jahre, Spiros 21. Sie wohnten etwa zehn Kilometer außerhalb der Stadt.

Als die Kampfhandlungen näher kamen, verließ der König Pervolia Hals über Kopf. Stunden später war das Haus dem Erdboden gleich gemacht.

Onkel Georgios und mein Vetter Spiros wurden im Sommer 1941 als angebliche Kommunisten nebeneinander hingerichtet. Ioannis ist Jurist geworden und lebt mittlerweile in seinem Heimatdorf als Pensionär. Als ich ihm vor Jahrzehnten meine deutsche Ehefrau Hannelore vorstellte, umarmte er sie und hieß sie willkommen.

Großvaters Schwester

Im besten Zimmer unseres Hauses in Chania, das gegen Süden lag, wohnte Großvater, der in dieser schrecklichen Zeit hier seine letzten Tage verbrachte. Einige Wochen vor seiner letzten Operation bekam er Besuch von seiner Schwester, die mit einem hohen Regierungsbeamten in Athen verheiratet war.

Die Großtante kam in Begleitung von zwei Damen, die auch in Großvaters Alter waren. Sie kannten sich offensichtlich, aber sie verhielten sich untereinander sehr förmlich.

Trotz meiner damals erst sieben Jahre, habe ich all dies aufmerksam registriert. Besonders gut erinnere ich mich daran, dass die drei Damen einmal mit Großvater im kleinen Hof hinter dem Haus saßen. Die Damen trugen schwarze Kleider mit weißem Kragen und hatten schwarze Handtaschen. Großvater trug seine gestreifte Hose und eine schwarze Jacke, Brusthemd, eine Art Fliege um einen sehr steifen Kragen, steife Manschetten, und er stützte sich würdevoll auf seinen Stock mit Silberknauf. Obwohl er blind war, legte er großen Wert auf ein würdiges Aussehen. Beim Anziehen war ihm Tante Despina behilflich, die als 28jährige und noch ledige Tochter seine Pflege übernommen hatte.

Lediglich eine Minute durfte ich mich im Hof aufhalten, dann, um nicht weiter zu stören, wurde ich zum Spielen geschickt. Erst später habe ich erfahren, dass es eine Peinlichkeit gegeben hatte. Tante Despina hatte Großvaters Hose vorne nicht richtig zugemacht, so dass sie im Sitzen aufgegangen war und Unaussprechliches sichtbar gemacht hatte. Sie war einmal nicht gründlich genug gewesen.

Man hat später erzählt, dass die Damen sehr verlegen waren und nach heimlichem Blickwechsel beschlossen hatten, Großvater auf das Malheur aufmerksam zu machen. Aber das Wie war das Problem. Die mutigste Dame sagte dann: *Kirie jatre to kreas sass fenete* (Herr Doktor, man sieht Ihr Fleisch). Das wurde zum geflügelten Wort in der Familie.

Es bestand eine Diskrepanz zwischen der Not um uns herum und dieser Szene. Für mich erhielt sie die Bedeutung, dass alles um uns nicht unserem sozialen Status entsprach, sondern die Folge der Kriegsumstände war.

Jahre später, wenn ich Dostojewski las oder Tschechow auf der Bühne sah, begegnete ich Vertrautem im Sinne von: genau so ist es bei uns zugegangen.

Großvater litt in der Folgezeit an altersbedingter Demenz. Er schrie gelegentlich laut um Hilfe und man gäbe ihm nicht zu essen. Er starb dann 1942 nach einer Prostataoperation an den damals üblichen Folgen. Vor der Entdeckung des Penicillins starben etwa 75 Prozent nach dieser Operation an einer Infektion, heute sterben daran weniger Menschen als nach einer Blinddarmoperation.

Kurz nach Großvater starb auch Onkel Georg. Weil er an Tuberkulose litt, hatte ich ihn monatelang nicht gesehen. Als er gestorben war, habe ich stundenlang geweint, und jetzt, beim Schreiben darüber, kommen mir wieder die Tränen. Es war eine elende Zeit.

Die Juden

In Chania wohnte neben uns eine jüdische Familie, die Ischaki hieß, und ein paar Häuser weiter eine andere jüdische Familie mit Namen Koens. Die Ischakis hatten Kinder, die älter waren als ich, den etwa 17 Jahre alten Lilikos (Kosename) und seine sehr freundliche Schwester, die um die 20 Jahre alt war. Sie verkehrten mit gleichaltrigen jüdischen Kindern, die ich aber nicht kannte. Das wunderschöne klassizistische Haus der Ischakis war beschlagnahmt worden. Jetzt wohnten sie mehr als bescheiden.

Eines Tages kam die ältere Schwester von Lilikos (ihr Name ist mir entfallen) und fragte meine Mutter, ob sie mich als Begleitung mitnehmen dürfte, da sie einen Besuch machen müsse und es ihr zu langweilig sei, alleine zu gehen. Sie wollte in die Nähe der deutschen Verwaltung von Kreta. Ich erinnere mich daran, weil ich in den Augen meiner Mutter die flüchtige Angst hatte aufkommen sehen, dass es gefährlich sein könnte, mit *Hebräern* zusammen gesehen zu werde. Sie sagte aber sehr freundlich: „Du kannst ihn mitnehmen."

Sie war bei uns sehr beliebt. Wir haben also diesen Spaziergang zusammen gemacht und sie war sehr still dabei. Ich habe es nicht vergessen, denn mir war, sie habe die ganze Zeit an den besorgten Blick meiner Mutter gedacht. Noch bis heute bin ich davon überzeugt, dass dem so war.

Die Koens hatten zwei Söhne. Der jüngere war ein Jahr älter als ich und einer meiner Spielkameraden. Man erzählte, dass Juden von anderen ägäischen Inseln nach Kreta gebracht worden seien, und der alte Teil der Stadt, wo sie lebten, sei überbevölkert. Die Zeit war für die Griechen schlimm, aber für die *Hebräer*, wie die Juden bei uns genannt wurden, war sie katastrophal. Eines Tages waren sie alle weg. Da ich noch klein war, kann ich Eigenes darüber nicht berichten. Ich erinnere mich jedoch, dass meine Eltern mit großer Zuneigung und Respekt von unseren Nachbarn und von allen Juden sprachen. Noch ganz genau erinnere ich mich an eine Bemerkung meines Vaters: „Sie haben als Griechen an der Front gekämpft, sie arbeiten für das Land, und sie sind Griechen wie wir."

Karneval in Chania

Im Februar 1942 wurde in Chania mit Wagen, Lärm und Hexenmaskerade überraschend Karneval gefeiert wie in Köln. Ich erinnere mich, wie begeistert die Leute mitmachten. Es war, wie es sich dann im nächsten Jahr herausstellte, ein einmaliges Ereignis und nur durch die Kriegszeit zu erklären.

Die jungen Leute damals waren sehr aktiv. So führten Gymnasiasten und ein paar Erwachsene aus der gehobenen Schicht unter der Leitung eines studierten arbeitslosen Schauspielers zwei Musikstücke auf. Das eine war mit Sketchen, das andere war eine griechische Operette mit wunderschönen Melodien. Gesungen haben diese Laien für die Ohren eines Achtjährigen wunderbar. Die Operette hatte aber ein großes Manko: Sie bestand aus Plagiaten und wurde deshalb außerhalb Griechenlands nie aufgeführt. Ich erinnere mich an eine Melodie aus *My Fair Lady*, die mich auf mein Nachfragen hin zu dieser Information geführt hat. Die anderen Lieder sollen spanisch oder südamerikanisch gewesen sein. Interessant war, dass es sich um Musikstücke handelte. Wahrscheinlich war der Zeitgeist so, dass nur eine Operette als lustig empfunden wurde. Ich weiß, da meine Schwestern mitgemacht haben, dass ein deutscher Soldat in Zivil das Schlagzeug spielte. Das musste natürlich geheim bleiben, sonst wäre er schwer bestraft worden. Es gab also auch freundschaftliche Begegnungen zwischen den Besetzern und den Besetzten.

Die Krankenschwesternausbildung

Es muss etwa 1943 gewesen sei, weil Marika schon zwanzig war und Elli fast achtzehn. Sie hatten von dem deutschen Kreiskommandanten ein Schreiben erhalten, in dem stand, „Der Führer gibt sich die Ehre …" und die Bitte, sich freiwillig zur Ausbildung als Hilfskrankenschwester zu melden. Die Begründung war, dass im Fall kriegerischer Handlungen in der Region mit einem erhöhten Bedarf an Schwestern zu rechnen sei.

Dieser Brief ist mir deshalb in Erinnerung geblieben, weil es das erste Mal für uns war, dass sich „der Führer" die Ehre gab, uns Kreter um etwas zu bitten. Es gab ironische Kommentare dazu in der Familie, aber die beiden haben sich über Monate im OP zu Instrumentierschwestern ausbilden lassen, weil es dabei um Menschen ging und nicht um Politik. Die Ausbilder waren Griechen und es gab keinerlei Konflikte.

Richterbeschimpfung im Gerichtssaal

Ich glaube, es war im Jahr 1944, als man mit Schaudern und viel Bewunderung in der Familie erzählte, dass Kostas Mitsotakis als Verteidiger bei einem Prozess die Militärrichter arg beschimpft habe. Er, damals etwa 26 Jahre alt, sagte, er wisse nicht, ob sie Jura studiert hätten. Sie seien Tötungsmaschinen. Er mache dabei nicht mehr mit. Die Art, wie er es gesagt haben soll, muss fürchterlich gewesen sein, denn ein anderer griechischer Anwalt wurde ohnmächtig und musste hinausgetragen werden.

Dieser Anwalt, Herr Chatzigrigoris, damals um die 40 Jahre alt, hatte in München Jura studiert und verstand deshalb die Verhandlung, die auf Deutsch geführt wurde. Die Richter hatten nichts auf die Beschimpfung erwidert, sondern die Sitzung vertagt. Alle rechneten mit der Exekution von Mitsotakis, da kam die große Überraschung: Die Richter luden ihn zum Essen ein. Sie erklärten ihm, dass sie sehr gut verstünden, was er gesagt habe, und dass sie selbst sehr unglücklich seien darüber, so handeln zu müssen, weil sie Befehle befolgen müssten und unter starkem Druck stünden. So entstehen Helden. Das Verdienst der Richter war, dass sie den Vorwurf geschluckt und Scham gezeigt hatten.

Kollaborateure

Wie mein Vater erzählte, hat sich der Direktor des Gefängnisses in Chania einige Wochen nach der Besetzung als Kollaborateur ausgegeben und den Deutschen einen sicheren Stützpunkt mit einem Waffendepot versprochen, das sich direkt gegenüber dem Gefängnis befand. Das Gefängnis existiert übrigens heute noch. Bei diesem Gefängnis gibt es einen Sumpf, den einzigen auf Kreta. Viele Fallschirmjäger sind darin versunken, ohne dass sie einen einzigen Schuss hatten abgeben können - etwa 700 Mann

Die Frau des Gefängnisdirektors war Schweizerin und stramme Nazi. Als die Deutschen sich bis zum Gefängnisgebäude vorgekämpft hatten, wurden sie von ihr hingebungsvoll betreut. Sie wurde später *Engel der Soldaten* genannt. Ihr Ehemann wurde allerdings nie mehr gesehen (Scheidung auf Griechisch?).

Eines Tages, ich stand vielleicht 50 Meter von unserem Stadtaus entfernt vor einem Lebensmittelladen, da sah ich, wie ein junger Mann um sein Leben lief. Ein Mann in Uniform, mit einer Pistole in der Hand, verfolgte ihn. Einer von den Umstehenden meinte, das sei ein *suberitis*, und der Flüchtende habe ihn Verräter genannt.

Suberitis waren fraternisierende Kreter in deutscher Uniform, die gegen Widerstandskämpfer vorgingen und gegen Kommunisten, und natürlich gegen jeden, der ihnen verhasst war.

Ich hatte keinen Schuss gehört, deswegen gehe ich davon aus, dass der junge Mann überlebt hat.

Ein Bataillon dieser *suberitis*, das von einem Gefreiten namens Schubert geleitet wurde, terrorisierte Dörfer und Bewohner. Es wurde später von den Deutschen aufgelöst, weil sich die Militärverwaltung seiner geschämt habe, wie die Deutsche Botschaft nach dem Krieg wissen ließ.

Irgendwann hörte ich, dass OPLA, das Exekutivorgan der Kommunisten, eines Nachts einen Griechen an der selben Stelle mit einem Schlagring halbtot geschlagen habe. Als unter den gegebenen Umständen gut behüteter kleiner Junge habe ich selten den Kriegsalltag so unmittelbar mitbekommen, dennoch habe ich eine solche Aversion gegen Gewalt und Leid entwickelt, dass mir meine Erinnerungen heute noch Angst machen. Kinder bis zum zehnten Lebensjahr haben keine Vorstellung vom eigenen Tod. Sie haben Angst davor, allein zu bleiben. Die Angst meiner erwachsenen Geschwister verstärkte dieses Gefühl. Der kleine Löwe in der Savanne, dessen Mutter getötet wurde, jault weil er weiß, dass die Hyänen ihn fressen werden. Menschenkinder haben in Gefahrensituationen ähnliche Gefühle, und es hilft, wenn Mama und Papa in der Nähe sind.

Schulzeit

Am Beginn des Krieges gab es von Oktober 1940 bis Sommer 1941 keinen Schulunterricht auf Kreta. Meinem Vater war es gelungen, im Dorf Nerokouros eine Grundschullehrerin zu engagieren, die mir das Abc beibringen sollte. Aber sie hielt nicht lange aus. Ich nehme an, dass sie mit der Entlohnung in Naturalien nicht zufrieden war.

Als im Herbst 1941 die Schulen wieder ihren Betrieb aufnahmen, wurde der Umzug in die Stadt notwendig. Nicht alle Schulgebäude waren von der Besatzungsmacht frei gegeben worden. Bis Februar 1942 war unsere Grundschule in der Kirche unserer Gemeinde untergebracht, wo die sechs Klassen mit je 30 bis 50 Kinder im Raum verteilt waren und ganz leise sein mussten. Der Unterricht der ersten Klasse endete im Februar. Danach wurden wir in einem ärmlichem Gebäude unweit unseres Hauses unterrichtet. Die Schulen waren zu deutschen Kasernen geworden.

Bis in die 60er Jahre des 20. Jahrhunderts herrschte in Griechenland die in Deutschland schon in den 20er Jahren aufgegebene preußische Schulgliederung in sechs Grundschul- und sechs Gymnasialjahre.

Unsere Klassenlehrerin war Frau V., eine Kriegerwitwe mit vier oder fünf Kindern, eins davon mit *Hypognathie* (sehr kleiner Unterkiefer). Sie war ein Monster von Lehrerin; hämisch, aggressiv, und sie hatte es auf mich abgesehen. Es gab keinen Tag, an dem sie mich nicht vor der Klasse fertig gemacht hat. Man könne sehe, dass die Kinder besserer Leute unfähig und faul seien, sagte sie, und wenn ein Mitschüler einen Fehler machte, dann war er genau so schlecht wie ich.

Schuleschwänzen

Eines Morgens im Mai 1942 stand ich vor der Tür meines Klassenzimmers und hatte Angst hineinzugehen. Als meine Mitschüler drinnen waren, wartete ich, bis die Tür zugemacht wurde. Ich hatte Angst, wieder zurück nach Hause zu gehen, wo Mutter und die Geschwister waren und beschloss, zu meinem Vater zu gehen, der unsere einzige Einnahmequelle beaufsichtigte, unser Landhaus *Kapsalonas* und den landwirtschaftlichen Betrieb. Die etwa fünf Kilometer habe ich wohl in zwei Stunden bewältigt, und mein Vater begrüßte mich mit überschäumender Freude. Ich hatte einen schönen Tag. Am frühen Abend kam dann mein Bruder Andreas mit dem Fahrrad. Er sah mich, sagte aber nichts und ging zu meinem Vater. Nach ein paar Minuten setzte er mich vor sich auf die Fahrradstange und fuhr mit mir zurück in die Stadt.

Für mich war dieser eigenmächtige Ausflug nichts was mein Gewissen belastete, bis zum Jahr 2000. Bei einem Besuch bei meiner Schwester Marika auf Kreta erzählte sie mir, dass die Familie, als ich nicht von der Schule zurückgekommen war, nach mir gesucht habe. Nachdem sie mich nach zwei Stunden immer noch nicht gefunden hatten, wussten sie weder ein noch aus, aber sie beschlossen, meinen Vater vorerst nicht zu benachrichtigen, weil er nach dem Tod von Onkel Georg und dem Tod seines Vaters noch angegriffen war und sie ihn schonen wollten. Meine älteren Geschwister fühlten sich irgendwie schuldig, weil sie ja die Aufsicht über mich Kleinen hatten. In ihrer Verzweiflung gingen sie zur deutschen Kreiskommandantur und berichteten, dass ich vermisst werde. Die Deutschen stellten zwei Suchtrupps auf und ließen zwei Stunden lang nach mir suchen. Die Familie sah danach ein, dass man es dem Vater sagen muss, und schickte Andreas zu ihm.

Der Tag, an dem ich zu meinem Vater geflüchtet war, war der 21. Mai und der Tag des heiligen Konstantin, also der Namenstag meines Vaters. Er fühlte sich so einsam ohne die Familie, und da erschien plötzlich sein kleiner Sohn, und er war überglücklich. Er hatte von Andreas alles erfahren, ihn aber gebeten, mir nichts von der Angst der Familie um mich zu sagen, mit der Begründung, dass es sein schönster Tag seit Kriegsbeginn gewesen sei. Die Familie hat seinen Wunsch respektiert - bis ich mit Marika bei unserem Besuch 2000 über die Besatzungszeit sprach.

Marika, von der noch öfter die Rede sein wird, hatte nach dem Krieg einen englischen Berufsoffizier geheiratet und lebte in London und auf Kreta. Bei diesem letzten Besuch bei ihr hatte ich ihr das Buch *Der Vorleser* in Englisch mitgebracht. Doch sie konnte es nicht zu Ende lesen. Es handelt von einer Frau, die Wächterin in einem Konzentrationslager war. Auf meine Frage nach dem Warum meinte sie, dass darin eine Frau vorkomme, die ein Kind verführe, und das wolle sie nicht lesen. Sie fing an zu weinen an und erzählte mir, dass, als während des Krieges Hamburg bombardiert wurde, die älteren Soldaten, die in unserem Haus als Besatzer lebten, geweint hätten in Sorge um ihre Familien dort. Sie erzählte es so, als ob es um unsere Nachbarn von damals ginge. Das Buch hatte sie stark aufgewühlt, und sie fing an, über das Elend der Kriegszeit zu erzählen und auch über die Episode meines Schuleschwänzens.

Schulausfall

Eines Tages rannte ich im Haus in der Stadt barfuß um den Tisch herum und riss mir einen Holzsplitter von den Dielen in den Fuß, der nach einiger Zeit zu eitern begann. Ich musste operiert werden, aber es gab keine Betäubungsmittel. Onkel Nikostratos ging zu den deutschen Ärzten ins Lazarett, aber sie verweigerten ihm mit großem Bedauern ihre Hilfe mit der Begründung, sie hätten selbst nicht einmal für Notfälle etwas da. Man hat mich Achtjährigen also zu sechst festgehalten. Der Chirurg ließ den Eiter heraus und vernähte die Wunde dann mit drei, vier Stichen, was medizinisch falsch war. Es kam zu einer erneuten Vereiterung, und so wurde ich etwa sechs Monate in einem Kinderwagen herumgeschoben.

Ich habe dadurch die dritte Klasse praktisch nur zur Hälfte absolviert. Ich bekam aber trotzdem ganz ordentliche Noten, weil der Lehrer es gut mit mir meinte.

Lehrer Zecke

Dieser Lehrer behandelte mich gut, obwohl er sonst sehr gefürchtet war. Stratos war ein frecher Junge, ich glaube ein oder zwei Jahre älter als ich, der auch in den folgenden Jahren mein Klassenkamerad war. Er hatte irgendwann einmal auf der Straße eine freche Bemerkung gegenüber der Freundin des Lehrers gemacht. Sie hatte natürlich den Lehrer darüber informiert, und der stellte Stratos vor der Klasse zur Rede, packte ihn dann an den Schläfenhaaren und hob ihn zehn Zentimeter vom Boden hoch.

Eines Tages sprang dieser Lehrer vom Podium herunter, rief meinen Namen und brüllte: „Jetzt wirst du mal sehen, was auf dich zukommt!“ Er war für seine Ohrfeigen gefürchtet. Er kam zu meiner Bank, hob die rechte Hand, ich zog den Kopf ein, und Menelaos neben mir bekam den Schlag, einen solchen Schlag, dass er auf mich drauf flog. Der Lehrer, dessen Name ins Deutsche übersetzt Zecke bedeutet, sagte voller Stolz: „Ich habe Georg gerufen, damit Menelaos nicht den Kopf einzieht und ich meine Ohrfeige gut platzieren kann.“

Noch vor den Sommerferien wurde von den Deutschen ein Präfekt eingesetzt, um die griechische Verwaltung zu organisieren. Dieser Präfekt, ich glaube, er hieß Passalidis, kam in unsere Schule, weil er den Schülern Schuhe schenken wollte. Ich verkroch mich deshalb in eine Ecke des Schulhofes. Herr Zecke kam vorbei, sah mich und fragte, warum ich so abseits stünde. Ich antwortete: „Ich nehme von dem keine Almosen!“ Er lächelte, schüttelte den Kopf eher freundlich, und ich vermute, dass ich deswegen am Ende des Jahres die guten Noten bekommen habe.

Das Schuljahr war vorbei und das Leben ging wie gewohnt weiter. Dann erfuhr ich, dass Herr Zecke in den Schulferien von den Deutschen hingerichtet worden war. Unter den Schülern herrschte allgemein die Ansicht, dass er aus Rache von einem seiner Feinde denunziert worden war, was aber nicht stimmen muss. Der Grund dafür war sicher der, dass ein Verwandter von ihm Partisanenführer war. Wenn einer einen anderen nicht leiden konnte, brauchte er nur den Deutschen zu erzählen, er sei Kommunist, und er wurde sofort hingerichtet. Nach dem Krieg sagte General Andrae zu seiner Verteidigung, er habe, um sein von oben vorgegebenes Pensum an Hinrichtungen erfüllen zu können, auch Kleinkriminelle, Viehdiebe und andere irgendwie Verdächtige dem Hinrichtungskommando zugewiesen. Wohlverhalten war keine Garantie für Schonung.

Griechisches Sprachproblem

Es gibt aber auch Kurioses aus meiner Schulzeit zu berichten. Die Griechen haben ein Sprachproblem, das sie bis heute nicht lösen konnten. Dazu eine kleine Erklärung. Als die Griechen 1828 ihren eigenen Staat proklamierten, gab es in der Bevölkerung erstaunlich wenig Mundarten, und ein Grieche, der aus Marseille kam, konnte sich mit einem Griechen aus Odessa in der Bibelsprache recht gut verständigen. Das Vokabular war Gemeingut, nicht aber die Wortendungen. Es gab natürlich auch eine Menge neuer Wörter, die alle Griechen benutzten, aber auch eine Menge Wörter, die regional verschieden waren. Etwa 20, 30 Jahre lang versuchten die griechischen Gelehrten eine Lösung zu finden. Am Ende entschlossen sie sich für die Grammatikregeln, wie sie im Jahr 200 nach Christus in Alexandria für die griechische Sprache festgelegt worden waren.

Seit der byzantinischen Zeit, etwa seit 1450 nach Christus, hatte sich aber die Deklination der gebräuchlichen Substantive vereinfacht. Die neuen Grammatikregeln ließen sich in der Schule erzwingen, nicht aber auf der Straße. Es gab also in meiner Kindheit einige Probleme. Dazu Beispiele: Brot hieß früher *artos* und so heißt es auch in der Bibel. Wenn man heute Brot kaufen will, geht man zum *artopolion*, also in den Brotladen, und kauft *psomi*. Würde man dem Bäcker um einen *arton* (Akkusativ) bitten, würde er sagen: „Komm in zwei Tagen wieder, jetzt habe ich keinen." Denn er würde meinen, dass man eine Hostie haben möchte, und die hat eine bestimmte Rezeptur und muss extra gebacken werden. Eine Fischhandlung heißt *ichthiopolion,* aber es werden dort *psaria* verkauft.

Es gibt nicht nur verschiedene Wörter für die selben Dinge oder Begriffe, sondern auch eine unterschiedliche Deklination. Die neue griechische Sprache von 1828 wurde nicht die *Reine*, sondern die *Reinliche* genannt. Die politisch Radikalen, dazu gehörten später auch die Kommunisten, wollten die gesprochene Sprache durchsetzen und entwickelten dazu natürlich auch eine Grammatik. Diese neue Sprache heißt *demotike,* was bedeutet, dass sie vom *demos* kommt, also vom Volk. Bis 1941 galt die *Reinliche* als Hochsprache, bis die deutsche Besatzung verfügte, dass die *demotike* gelehrt werden muss. Als der Krieg zu Ende war und die Kommunisten an die Macht zu kommen drohten, durfte nichts von den Linken übernommen werden! Wäre die Änderung übernommen worden, hätten die Rechten wie die Nazis gehandelt. Von 1941 bis zum Sommer 1945 habe ich die *demotike* gelernt und ab 1945/46 die *Reinliche*. Ich weiß, dass seit Mitte der 70er Jahre alles wieder geändert worden ist. Das Chaos bleibt, und es gibt Meinungen, denen zufolge Griechenland in weniger als einem Jahrhundert wegen der nicht vermittelbaren und nicht erlernbaren Grammatik als Staat verschwinden könnte.

Auf dem Lande

Da wir in unserem Landhaus *Kapsalonas* keinen Strom hatten, wurde es abends mit Petroleumlampen beleuchtet. Die

Küche war für Vater, Mutter, fünf Kinder und das Dienstmädchen viel zu klein, weshalb im Waschhaus beim Backofen gekocht wurde, und das Essen für die acht Personen wurde von dort ins Haus getragen. Die Not durch die Besatzung war in ihrem Ausmaß nicht vorherzusehen, und mein Vater als Stadtmensch, Kaufmann mit etwas juristischer Bildung, hatte wohl nicht mit einer Okkupation Kretas *alla Turca* gerechnet. Die Italiener waren zwar Kriegsgegner, aber nicht wirkliche Feinde.

Bis zur Besetzung durch die Deutschen lebten wir von den Beständen. Ich meine damit Kleider, Schuhe und so weiter. Dann brachen schlimme Zeiten an. Statt Schuhe trugen wir Holzlatschen mit einem Gelenk aus Leder, und ich erinnere mich, dass wir von Mai bis September barfuß liefen.

Der Tierfreund

Es war kurz nach Beginn der deutschen Besetzung, als mein Vater auf Bitten meiner Mutter zwei Hühner schlachten sollte. Er fand das abscheulich und weigerte sich. Wir Kinder hatten das mitbekommen und wollten den Papa aufmuntern. Mutter, wir fünf Kinder, also Marika, Elli, Andreas, Phoibos und ich, sowie unser Dienstmädchen Urania standen da und sahen zu, wie er sich voller Entsetzen ans Werk machte. Er nahm das Beil, legte die Hühner auf einen auf dem Boden liegenden Baumstamm und köpfte sie. Die kopflosen Hühner flatterten noch herum, als wir deutsche Stimmen hörten, die sich aufgeregt und bedrohlich anhörten. Zwei Deutsche in Uniform und Pistole am Gürtel (es sollen Offiziere gewesen sein) waren von uns unbemerkt auf das Grundstück gekommen und hatten meinen Vater beobachtet. Der eine zog seine Pistole, setzte sie meinem Vater an die Stirn und schob ihn laut schimpfend über den Hof bis zur Hauswand, wo mein Vater die Hände flach gegen die Wand legen musste. Wir waren erstarrt. Mutter hielt sich mit der Hand den Mund zu, um nicht zu schreien, und wir Kinder standen ganz still vor Schreck, dass der Papa hingerichtet werden sollte. Der zweite Soldat zog den ersten am Uniformrock und redete auf ihn ein, bis der mit hochrotem Kopf die Pistole einsteckte und schimpfend mit dem anderen weg ging. Minutenlang sagte keiner einen Ton, dann sagte Andreas: „Die Deutschen sind tierlieb" (*Oi germanoi agapoun ta zooa*). Es ist sicher verständlich, dass mir seitdem Tierschützer sehr, sehr suspekt sind.

Jedes Mal, wenn danach ein deutsches Militärfahrzeug, ein Motorrad oder Soldaten zu Fuß auf den Weg zum Haus einbogen, fing meine Mutter uns Kleine ein, schob uns ins elterliche Schlafzimmer, packte uns am Nacken und zwang uns in die Knie und befahl uns zu beten. Sie selbst betete anhaltend und laut, wir Kinder nicht, wir hatten nur Angst. Es war in der Zeit, als täglich Menschen erschossen wurden. Heute glauben wir, dass die Gebete geholfen haben.

Hunger

Im Sommer 1942 hatten wir so gut wie nichts zu essen. Wenn ich sage nichts, dann meine ich kein Brot, kein Fleisch, keine Hülsenfrüchte, kein Öl, kein Fett. Das Einzige was wir hatten waren die Eier von unserem Hühnerhof, wobei die Hühner so mager waren, dass man sie nicht essen konnte. Mein Vater wog etwa 42 Kilogramm, mein Bruder Andreas noch weniger. Andreas sollte Eier essen, weil er arbeiten musste und bekam davon ganz schlimme Ödeme. Salz gewannen wir durch Abkochen von Meerwasser. Marika erzählte mir bei einem meiner Besuche auf Kreta, dass ich eines Tages weinend nach Hause gekommen sei und erzählt habe, dass ich ein Brot *gesehen* hätte. Sie seien alle so betroffen gewesen, dass sie selber geweint hätten, aber das hatten sie mir verheimlicht. Zu meinem Glück kann ich mich daran nicht erinnern, zu meinem Unglück war es damals Alltag, also nichts Besonderes.

Oben: Marika, Tante Despoina, Elli; unten: ich, Vater, Phoibos, Andreas (1942)

Ich erinnere mich noch ganz genau, dass wir im Garten Auberginen hatten und dass wir einen ganzen Monat lang Auberginen aßen, ohne Öl und ohne Fleisch. Nach dem Ende der Hungerszeit waren Auberginen für die Familie bis Mitte der 50er Jahre tabu. Ich habe erst Mitte der 80er Jahre in Celle wieder Auberginen gegessen.

Mein Vater beauftragte Andreas, der damals 15 oder 16 Jahre alt war, mit unserem Maultier in die Eparchia (Episkopat) Selino zu reiten, wo Verwandte väterlicherseits lebten, um Öl zu erbetteln. Mein Bruder Andreas brauchte zwei Übernachtungen bis dorthin, aber er kannte den Weg, weil er dem Vater oft auf der Jagd begleitet hatte. Ich erinnere mich, dass er 170 Kilogramm Olivenöl mitbrachte. Damals wurde in Griechenland Olivenöl nach Gewicht und nicht nach Volumen verkauft.

Nach dem Krieg habe ich zwei von unseren Rettern aus der Not kennen gelernt. Ihre Familie besaß damals schätzungsweise 2000 Schafe. Der älteste von mehreren Geschwistern, er war etwa 50 Jahre alt, besuchte uns in Chania, wo er einen Arzt aufsuchen musste. Es war etwa Oktober 1945. Er klagte, dass der Krieg ihn finanziell ruiniert habe. Auf die Bemerkung meines Vaters hin, dass er die Deutschen da wo er lebte doch kaum zu Gesicht bekommen habe, winkte er ab und meinte, die Deutschen hätten ihn mit ihren Lebensmittelkarten ruiniert. Unser aller Staunen war groß, und er erklärte uns den Zusammenhang. Früher gab es bei ihm zu Hause Bergtee mit Honig, wenn man durstig war, selten Reis zu essen und der Kauf von Mehl war eine größere Angelegenheit.

Nachdem seine Familie während des Krieges Zucker und schwarzen Tee kennen gelernt habe, hätte sie keinen Bergtee mehr trinken wollen. Die Familie verlangte von ihm, dass er das Gewünschte kaufe. Um das nötige Geld zu beschaffen, habe er immer wieder *zooa* (Tiere) verkaufen müssen. So habe ich mit meinen zehn Jahren von den soziologischen Umwälzungen erfahren, die ein Krieg mit sich bringen kann.

Die Räuber

Wenn Hungersnot herrscht, wie 1942 auf Kreta, als viele Menschen Hungerödeme bekamen, auch in unserer Familie, dann nehmen Raubüberfälle nicht Wunder. Unser Gehöft war etwa 400 Meter vom nächsten entfernt und damit gefährdet. Wir schliefen im Haupthaus, und in etwa 30 Metern Entfernung war der Stall mit sechs, sieben Schafen und zwei Ziegen und noch mal etwa 20 Meter weiter war der Hühnerstall. Innerhalb eines Jahres haben wir 13 Einbruchsversuche erlebt, besser gesagt überlebt. Bei einem wurde mein Vater verletzt. Die Fensterläden waren geschlossen, und die Räuber schlugen mit Knüppeln drauf ein. Unser Hund, eine schwarze Promenadenmischung, hat uns jedes Mal gerettet, indem er einen Höllenlärm machte. Mit der Zeit bekamen wir heraus, wer der Anführer war. Dieser Mann leitete nach dem Krieg das Büro eines sehr angesehenen Politikers in Chania.

Angelis

Es ging nicht mehr so weiter. Das Stück Land konnte von meinem Vater, der alle paar Monate einen Hexenschuss erlitt, nicht alleine bewirtschaftet werden, und der arme Andreas musste wie ein Sklave arbeiten, aber auch zur Schule gehen und dort etwas leisten. Was war zu tun in so einer Not? Die Lösung war, das Anwesen mit einem Mann aus dem Dorf zu teilen. Er war bald gefunden. Er sollte das Land bearbeiten und konnte dafür die Hälfte des Ertrages für sich behalten, die andere Hälfte war für uns. Seinen Nachnamen habe ich nicht behalten, aber seinen Vornamen; er hieß Evangelos, gerufen wurde er Angelis. Er brachte Frau und zwei Kinder mit und bekam als Unterkunft den Geräteschuppen, ich schätze sechs mal zehn Meter groß. Das Haus im Dorf hatten sie natürlich behalten.

Besonders war, dass der ältere Sohn, er war ein Jahr älter als ich, Elpidophoros hieß, das bedeutet Hoffnungsträger. Seine Mutter war lebensgefährlich erkrankt, hatte aber den Jungen noch zur Welt bringen können. Angelis hat dann wieder geheiratet. Die zweite Frau hieß Polytemne, auch ein archaischer Name. Es waren rechtschaffene Leute.

Der Igel

Mit der Zeit kamen wir unvermeidlicher Weise in Kontakt mit Angelis' weiterer Verwandtschaft. Der Vater von Angelis oder von seiner Frau Polytemni ist mir noch gut in Erinnerung. Er war ein Mann von kleinem Wuchs, trug hohe Stiefel und eine alte Militärhose, dazu die schwarze kretische Weste sowie ein für einen traditionsbewussten Kreter unübliches helles Hemd, und ein *sariki*. Das ist das Kopftuch der kretischen Tracht. Er war lustig und bewegte sich mit einer gewissen Theatralik. Bei einer Feier aus religiösem Anlass, ich schätze es war der 15. August, hatten wir abends mitten im Hof ein Feuer gemacht, und ich erinnere mich, dass alle von Hunger redeten. Der Mann hatte einen toten Igel mitgebracht, den er Zwergwildschwein nannte. Unter schwungvollen Reden hängte er das kleine Tier wie ein erlegtes Wild an den Beinen auf und zog ihm fachgerecht das stachelige Fell ab. Das Zwergwildschwein wurde dann über dem Feuer geröstet und von ihm allein verspeist.

Mich hat neben diesem Vorfall sein Redefluss beeindruckt, und zwar aus folgendem Grund: Er sprach immer in Standardsätzen beziehungsweise in Floskeln. Es muss eine uralte Sitte oder zumindest aus dem Mittelalter überliefert sein, dass man einen Gedanken oder Wunsch mit rituellen Sprüchen einleitet und nach getaner Arbeit in ähnlicher Weise erneut etwas darüber sagt. Psychologisch kann man heute vieles von seinem Verhalten erklären, aber darum geht es mir nicht. Für mich war er ein typisch kretischer Bauer, der, weil ich ihn über mehrere Stunden beobachten konnte, bei mir das Bild vom archaischen Griechen geprägt hat. Als ich später in der Schule lernte, dass die erste Verbreitung von Sprache wahrscheinlich in metrischer Form erfolgt ist, habe ich an diesen Mann denken müssen. Solche Erfahrungen sind natürlich auch ohne Krieg möglich, aber Not und Gefahr vertiefen sie.

Lebensmittel für Partisanen

Eine große Überraschung für Phoibos und mich war, dass eines Tages mehr als zehn Pferde, Maultiere und Esel auf unseren Hof kamen, begleitet von leise sprechenden Männern und Frauen aus dem Dorf. Sie hatten die Tiere mit Dingen beladen, die ich nicht identifizieren konnte. Phoibos und ich waren ins Haus gebracht worden, wo wir brav bleiben sollten. Wir beobachteten durch das Fenster das Treiben auf dem Hof. Auf unsere Fragen antwortete die Mutter nicht, sie legte nur die Hand auf den Mund und schüttelte den Kopf, um anzudeuten, dass sie schweigen möchte. Der Vater erklärte mit ernster Miene, dass es sich um Hilfsgüter für Flüchtlinge und Widerstandskämpfer in den Bergen handele. Phoibos und ich erfassten die Gefährlichkeit der Situation, und wir verhielten uns ruhig. Man sprach danach nicht mehr darüber. Wir wussten, als Menschen und Tiere den Hof verlassen hatten, dass die unmittelbare Gefahr vorüber war. Die Gefahr des Verrates jedoch blieb bestehen. Ich fragte den Vater danach, und er beschwichtigte mich. Ich wusste, er musste das, denn was sollte er einem Neunjährigen antworten?

Kinder reifen sehr schnell in solchen Zeiten. Das solche Transporte wiederholt stattgefunden haben müssen, weiß ich, auch dass sie auf einmal ausblieben. Als ich meinen Vater danach fragte, erhielt ich zur Antwort, sie seien nicht mehr nötig, es erledige sich auf anderem Wege. Ich erinnere mich ganz genau, dass das für mich bedeutete, dass die Gefahr durch die Deutschen nicht mehr so groß war. Ich wiederhole, dass ich Erlebtes und die Erinnerungen daran aus der Sicht eines Neunjährigen wiedergebe.

Raiffeisensche Kassen

Etwa im Herbst 1944 brachte mein Vater Geschirr und andere Utensilien für den Haushalt mit auf unseren kleinen Hof, was meine Neugierde weckte. Es waren dickwandige weiße Teller dabei, wie man sie heute für italienische Nudelgerichte angeboten bekommt. Mein Vater sagte, sie seien besonders billig zu haben, die Deutschen wollten für die Bauern Raiffeisensche Kassen einführen. Ich erinnere mich, dass ich mit meinen neun Jahren das gut fand und dass mein Vater mit den Schultern zuckte und sagte, es fehle das Interesse daran, alles was deutsch sei, komme nicht an.

Die Luftpost

Mein Onkel Kimon, der Mathelehrer, war ein lustiger Onkel, der mit uns wieder zum Kind wurde und gut spielen konnte. Er spielte natürlich nicht nur mit uns, er lehrte uns auch, was wir über Schweine, Schafe und Blumen wissen mussten. Mit ihm spazieren zu gehen war ein Fest. 1944, es muss zur Osterzeit gewesen sein, denn unter den Olivenbäumen war alles voller Klee und Klatschmohn, da hörten wir ein lautes Bum, weil ein Flugzeug, das die Feldpost brachte, ein *Fieseler Storch*, offensichtlich den Postsack aus niedriger Höhe abgeworfen hatte, und ich sagte ganz spontan: „Oh gut, er ist abgestürzt." Onkel Kimon fasste mich am Ohr, wie man es bei unartigen Kindern wohl auch heute noch macht, und belehrte mich: „Kriege machen die Staaten und deren Regierungen, die Soldaten haben keine Wahl, sie werden dazu verpflichtet. Dieser Pilot hat auch Eltern und Geschwister, und er könnte auch Kinder in deinem Alter haben. Man soll niemandem den Tod wünschen, auch nicht dem Feind, so etwas tut vielleicht das einfache Volk, aber nicht ein gebildeter Mensch." Ich war aber nicht einfaches Volk, und ein Deutscher ist nicht schlecht, nur weil er ein Deutscher ist.

Viertes Kapitel

Wir Kreter und die Besetzer – Kriegsbegegnungen

In der Öffentlichkeit waren die deutschen Soldaten immer unfreundlich und aggressiv. Nach fast vierjährigem Kontakt mit der kretischen Bevölkerung ist es allerdings verständlich, dass sie Angst hatten, man könnte ihnen Verrat unterstellen. Auf Kreta war der politische Druck und die Indoktrination der Soldaten ganz gewaltig. Gemeldet zu werden an eine bestimmte Stelle in Athen oder gar nach Berlin hieß Versetzung an die Ostfront. Sogar mir als Kind war bekannt, dass die deutschen Soldaten davor Angst hatten.

Kreta hatte damals etwas weniger als 500.000 Einwohner, so viele wie heute auch. Die Deutschen hatten hier fast durchgängig 38.000 bis 40.000 Soldaten, zeitweilig sogar 50.000 stationiert. Wenn man die Kinder, die Frauen und die Alten von der Einwohnerzahl abzieht, fragt man sich, welche Berechnungen die deutschen Militärs aufgestellt hatten, zumal eine Präfektur auch noch von den Italienern besetzt war, und dort war es sehr ruhig. Man kann zu einer anderen Einschätzung über die deutsche Militärmaschinerie auf Kreta kommen, wenn man sich eine gebirgige Gegend vorstellt so groß bzw. so klein wie Vorarlberg, isoliert mitten im Meer gelegen, und dann die beachtliche Zahl von 40.000 Soldaten, denen die Aufgabe zukommt, dort die aufsässigen Einwohner zu bändigen.

Göring war bekanntermaßen zu seiner Luftwaffe besonders fürsorglich. Und Kreta war seine Domäne und wurde ausschließlich von seinen Offizieren kommandiert. Vielleicht waren die kretischen Widerstandsaktionen ein willkommener Vorwand für ihre zahlenmäßig übergroße Anwesenheit dort.

Unterkunft

In unserem Haus in Chania lebten fünf Soldaten. Sie waren selbstverständlich nicht in die Familie integriert, aber ein Kontakt mit meinen Eltern und Geschwistern war nicht zu vermeiden. Bis auf wenige Ausnahmen waren die Soldaten, die in der Verwaltung eingesetzt waren, nicht immer die Jüngsten. Der Umgang mit ihnen war oft von Feindseligkeit und Misstrauen geprägt. Soviel ich weiß, gab es diesbezüglich in unserem Haus keine Komplikationen. In unserer Nachbarschaft wohnte übrigens ein Soldat mit Namen Hagelstange (der Schriftsteller) und auch ein Herr von Fichtenthal.

Als ich in Wien studierte, war Herr Fichtenthal (nicht mehr „von") Protokollchef der österreichischen Regierung am Ballhausplatz. Er war so freundlich, mir die Kanzlei von Bundeskanzler Raab zu zeigen und die Konferenzräume, wo die Großmächte den Friedensvertrag mit Österreich ausgehandelt hatten. Danach habe ich nie wieder Kontakt zu ihm gehabt.

Da die Soldaten in Privathäusern untergebracht waren, kam es gelegentlich zu fast absurden Situationen. Erwin S., ein etwa 19 Jahre junger Soldat, hatte den Befehl bekommen, am nächsten Morgen zur Bekämpfung von Partisanen in der Kaserne zu erscheinen. Es sei eine große Aktion vorgesehen. Seine Angst davor war sehr groß. Die Familie, bei der er untergebracht war, versuchte ihn zu beruhigen. Sie erklärte ihm, dass im Krieg nicht jede Kugel trifft und dass er bestimmt zurückkommen werde. Er hat überlebt, denn es ging gar nicht ums Kämpfen, sondern um eine der üblichen Strafaktionen.

Die Familie gehörte zu unseren engeren Freunden, und sie schilderten uns, wie absurd sie es fanden, einen jungen Soldaten des Feindes wie einen Sohn trösten zu müssen. Der Soldat Erwin S. hat später Griechisch studiert und wurde Gymnasiallehrer. Später in Wien hatte ich Deutschunterricht bei ihm.

Ein griechischer Freund von mir, der in Uelzen in Niedersachsen lebt, erzählte mir, was seinem Vater als Zahnarzt in Korinth Absurdes widerfahren ist. Ein bei ihm einquartierter Soldat verhielt sich wie erwartet distanziert, aber nach einiger Zeit schloss er die Fensterläden, wenn er nach Hause kam, nahm den damals sechs- oder siebenjährigen Sohn auf den Schoß und verwöhnte ihn mit Schokolade oder anderen rar gewordenen Sachen. Er brachte manchmal auch Zucker mit für die Familie. Außerhalb des Hauses gab er sich extrem unfreundlich; er galt als Gestapomann, denn er war für die Verfolgung von Griechen zuständig. Eines Tages kam er plötzlich ins Haus und bedeutete dem Zahnarzt, sofort zu flüchten und zeigte zum Fenster. Weil sein Vater zögerte, habe ihn der Deutsche mit Gewalt aus dem Fenster geschoben. Sekunden später stürmten Soldaten das Haus, um Geiseln zu nehmen, die dann erschossen werden sollten. Der Soldat machte seinen Kameraden Zeichen der Enttäuschung, dass der Mann ihm entwischt sei.

Das Motorrad

Aus irgendeinem Grund, den ich nicht kenne, war der große Raum in unserem Landhaus *Kapsalonas* von den Deutschen beschlagnahmt worden. Fünf bis sieben Soldaten führten dort ihren eigenen Haushalt. Sie kochten, aßen und schliefen dort, verhielten sich uns gegenüber immer korrekt, traten also nicht als Feind auf. Für uns Kleine bestand kein Grund zur Sorge. Wir fühlten uns gut behütet, die deutschen Soldaten waren wir gewöhnt, und wir hatten die Erfahrung gemacht, dass es unter ihnen auch nette Menschen gab.

Für die Zeit typisch war die Sache mit dem Motorrad. Eines Tages hatte einer der Soldaten eine vom britischen Militär hinterlassene Kiste in der Unterkunft von Angelis entdeckt, der ja unseren Hof bewirtschaftete. Sie benachrichtigten einen Vorgesetzten in der Stadt, und eines Tages erschien ein Offizier auf einem Motorrad. Er stellte die Maschine vor dem Haus ab und ging mit ein paar der Soldaten zu dem Schuppen, wo die Kiste stand. Als sie im Schuppen waren, begannen Phoibos und ich an dem Motorrad herumzuspielen, wie kleine Jungs das so tun. Wir versuchten hinaufzuklettern, da fiel die Maschine um. Der Tankdeckel fiel ab und das Benzin floss fast gänzlich aus. Phoibos und ich dachten, dass wir nun hingerichtet würden und sahen nur eine Möglichkeit, uns zu retten: wir suchten das Weite.

Phoibos gegen Ende des Krieges

Es war Vormittag, und wir rannten zu der uns vertrauten Siedlung Hadsali. Wir blieben dort, bis die Angst, dass unsere Eltern böse werden könnten, uns vor Einbruch der Nacht nach Hause führte. Die Eltern und die Geschwister empfingen uns mit Gelächter. Sie erzählten uns, was nach unserer Flucht geschehen war. Einige der bei uns einquartierten Soldaten hatten nämlich den Sturz mitbekommen, das Motorrad sofort wieder aufgestellt und den Tankdeckel aufgeschraubt. Als der Offizier kam, fragte er, was der feuchte Fleck bedeute, und sie antworteten, das sei Wasser aus dem Brunnen, das sie verschüttet hätten. Er sagte nichts dazu, stieg auf das Motorrad und fuhr weg. Als er außer Sichtweite war, fingen die Soldaten vor Schadenfreude an zu tanzen und zu springen, denn sie konnten diesen Offizier, wie sie sagten, nicht leiden. Sie meinten, es werde lustig werden, wenn er auf halber Strecke liegen bliebe.

Übrigens war in der Kiste ein Rohr der britischen Flugabwehrkanone, die hundert Meter weiter unbrauchbar gemacht stand. Ich erinnere mich auch, dass einmal ein Esel von einem Auto angefahren und getötet worden war und dass deutsche Soldaten ihn ausgenommen und die Leber gegessen haben. In diesen Zeiten hatten auch die Soldaten nicht viel zu essen. Das Kommissbrot war aus Maismehl; es hatte zwar eine dicke braune Kruste, aber innen war es knatschig. Irgendwann wurden die Soldaten aus unserem Haus wieder abgezogen.

Philhellenen

Ein paar Tage nach dem Vorfall mit dem „Tierfreund" sah ich meinen Vater, wie er, beide Hände auf den Spaten gestützt, einem deutschen Soldaten zuhörte. Beunruhigt lief ich zu ihm hin und wollte wissen, was los sei, aber er machte mir beruhigende Zeichen, ich solle wieder gehen, es sei alles in Ordnung. Als der deutsche Soldat weg war, lief ich erneut zu meinem Vater. Ich wollte einfach wissen was der Soldat gewollt hatte. Mein Vater, ohne seine Arbeit zu unterbrechen, sagte zu seinem sechsjährigen Sohn: „Er wollte wissen, warum die Deutschen jetzt die richtigen Griechen sind und nicht mehr wir." Ich erinnere mich ganz genau, dass er dabei keine Miene verzog. Ich war zwar erst sechs Jahre alt, aber ich reagierte wie ein Erwachsener. Kinder werden oft unterschätzt.

Das Beispiel zeigt: Griechischkenner ist nicht gleichbedeutend mit Griechenlandkenner. So banal dies heute klingt, so gefährlich war es für die Griechen während des Krieges. Der ältere Leser wird sich vielleicht über diese Behauptung wundern. Philhellenen wie Schiller, Hölderlin und Hegel waren Verehrer des antiken Hellas, Bewunderer des antiken griechischen Geistes und nicht der real existierenden Griechen.

Als in nachnapoleonischer Zeit die nationalen Befreiungskriege begannen, gaben Philhellenen ihre gesicherte soziale oder politische Position auf, um als einfache Kämpfer den Griechen beizustehen. Victor Hugo hat flammende Briefe auf Neugriechisch geschrieben, Delacroix hat die Massaker der Osmanen dargestellt, und Lord Byron ist als einfacher Soldat in Griechenland gestorben.

Alle diese Menschen wurden in Deutschland mehr oder weniger als Spinner eingestuft. Ich möchte nicht behaupten, dass es in den Staaten der Heiligen Allianz eine Sprachregelung gab, aber eine politische Tendenz allemal.

Der Münchner Historiker Jakob Philip Fallmerayer (1790 bis 1861) hat Unterlagen türkischer Behörden aus der Zeit studiert, als die Griechen ihren Unabhängigkeitskrieg (1821 bis 1828) führten und behauptet, dass es gar keine Griechen mehr gäbe, die Neugriechen seien entweder Albaner oder Slawen. Unter anderem diese Behauptung begründete in Deutschland eine Gegenströmung zum Philhellenismus, die mit der Politik des späteren Kaiserreiches korrelierte. Ab 1933 war das Griechischstudium eine Angelegenheit der deutschen Bildungsschicht. Die real existierenden Neugriechen waren nicht gefragt.

Die Exekution

Ein deutscher Major führte im Sommer 1941 ein Exekutionskommando an. Es war die ganze männliche Bevölkerung des Dorfes Skines bei Alikianou zusammengetrieben worden. Er ließ sich die persönlichen Sachen der Männer aushändigen, wie Papiere, Uhren, Eheringe und so weiter, und tat alles in einen Korb. Irgendwann trat der Major an einen großen Mann heran, musterte ihn intensiv und fragte ihn dann, ob er Arzt sei. Als der Mann bejahte, fragte der Major weiter, ob er Militärarzt gewesen sei, und die Antwort war wiederum ja. Dann kam die Frage, ob er im Ersten Weltkrieg zwischen Griechen und Bulgaren in Skra gedient habe, und er erhielt noch mal ein Ja. Dann sagte der Major, er habe auf der bulgarischen Seite gekämpft, sei schwer verletzt worden und in griechische Gefangenschaft geraten. Er habe mit dem Tod gerechnet, aber er, also dieser Arzt, habe ihn unter unglaublichem Einsatz gepflegt und gerettet. Und der Major gab ihm den Korb mit den persönlichen Sachen der anderen Männer und ließ ihn neben sich Platz nehmen. Der Arzt musste die

Exekution der Männer mitansehen. Danach stand der Major auf und fuhr wortlos weg.

Der Arzt hieß Marakas, der Major war wahrscheinlich als altgedienter Offizier wieder eingezogen worden. Mein Bruder Andreas, der nicht mehr lebt, war mit Ioanna verheiratet, der Tochter dieses Arztes.

Grohmann

Herr Grohmann ist mir begegnet als ich etwa sieben Jahre alt war. Es muss 1942 gewesen sein. Ich hatte Tante Mersini und Onkel Nikostratos besucht, um meine gerade geborene Cousine Katherina und ihren zweijährigen Bruder Konstantin zu sehen. Sie wohnten in einem Haus, wie es zu jener Zeit in Chania typisch für den gehobenen Mittelstand war. Auf einem etwa 1000 bis 1500 Quadratmeter großen Grundstück stand das zweistöckige Haus mit repräsentativem Eingang an der Frontseite. Durch die Eingangstür kam man in einen Korridor von etwa drei Metern Breite, von dem zwei Zimmer links und zwei Zimmer rechts abgingen. Am Ende des Korridors trennte eine Glaswand, die wie damals üblich aus bunten Gläsern bestand, den hinteren Teil ab, der etwa drei auf vier Meter maß. Dieser Raum wurde als Esszimmer benutzt. Links und rechts dahinter waren Nebenräume und die Küche. In der Regel ging von der Küche aus eine Tür zur hinteren Terrasse. Im Garten um das Haus herum wuchsen Arokarien, andere Bäume und Zierhölzer und verschiedene Obstbäume.

Onkel Nikostratos saß auf der hinteren Terrasse. Neben ihm, in einem Abstand, der Distanz ausdrückte, saß mit dem Rücken ihm halb zugewendet Herr Grohmann in grauer Uniform, aber ohne Jacke und las eine griechische Zeitung. Tante Mersini ging hin und her und machte Hausarbeiten. Mein Onkel begrüßt mich freundlich, Herr Grohmann sagte irgendetwas wie ein Gruß und las weiter die griechische Zeitung. Das Bild, das er bot, hat sich mir tief eingeprägt, denn ich wusste, dass er der Schrecken der Familie war. Zwischendurch sagte er, dass er einige Wörter nicht verstehe, die in kretischer Mundart geschrieben waren, worauf Nikostratos entgegnete, dass er Kretisch oft auch nicht verstehe. Ich erinnere mich aber nicht, ob es um ein bestimmtes Wort ging. Ich blieb nicht lange dort. Tante Mersini nahm mich mit ins Haus, und ich habe Herrn Grohmann nicht wieder getroffen.

Die Geschichte, die jetzt folgt, basiert auf Informationen Dritter und auf dem Image, das Herr Grohmann in der Folgezeit bekam, auf dem Einfluß, den Herr Grohmann, ob er es wollte oder nicht, auf meine Familie hatte.

Onkel Nikostratos war etwa zehn Jahre jünger als mein Vater. Er muss also damals etwa 32 Jahre alt gewesen sein. Meine Tante Mersini war 30, denn sie ist 1912 geboren. Onkel Nikostratos hatte in Padua Bauingenieurwesen studiert, sprach fließend Italienisch und ziemlich gut Französisch. Grohmann konnte Griechisch und hatte das Haus und die unfreiwillige Gastfamilie nicht durch Zufall zugewiesen bekommen. Er bewohnte eines der Zimmer, und die Familie hatte es sauber zu halten und zu pflegen. Das Zimmer war natürlich möbliert. Für die Ernährung des so Einquartierten brauchte nicht die Gastfamilie zu sorgen, anders als es zur Zeit der französischen Besatzung um Leipzig herum vor der Völkerschlacht der Fall war, sondern die Wehrmacht, die durch Beschlagnahme von Nahrungsmitteln die Soldaten selbst versorgte.

Als Herr Grohmann einzog, fand er eine bestimmte Tischdecke nicht auf den Tisch passend. Er nahm sie, schimpfte in sehr unfreundlichem Ton auf Deutsch und warf sie an die Wand. War das eine Schau? Er stellte sich als der böse Feind dar und war und blieb gefürchtet bis zum Ende des Krieges. Keiner von der Familie hatte gewusst, dass er Griechisch verstand und wie ein Grieche sprechen konnte.

Es dauerte nicht lange, bis er erkennen ließ, dass er in Griechenland aufgewachsen war. Er blieb bei dieser Version und versuchte eine gehörige Distanz zur Familie bis zum

Schluss zu pflegen. Dass diese Distanz jedoch immer geringer wurde, war verständlich. Dazu führten zwei Faktoren, einer von rein psychischer Natur, einer von politisch-militärischer. Vier Jahre mit einer gebildeten Familie zusammen zu wohnen, kann kein Besatzer und kein Feind aushalten. Langsam wurde sein Hintergrund bekannt. Er war mit Marianthi verheiratet, der Tochter eines bekannten griechischen Professors in Athen, die natürlich nicht nach Chania kam. Er hatte in Deutschland Bergbauingenieurwesen studiert, da seine Familie Bleiminen bei Lavrion in der Nähe von Sunion besaß. Als Bergbauingenieur war er im Dienstgrad eines Majors Leiter einer Pioniereinheit. Mehr erfuhr ich bis zum Ende des Krieges nicht.

Mein Onkel Miltiadis war während des Krieges als Kommunist nicht politisch aktiv. So hat er mit Grohmann zusammentreffen und mit ihm sprechen können, auch über Politik. Ich habe ihn sagen hören, dass er keinen Menschen getroffen habe, der über Marx, Engels und Lenin so gut Bescheid wusste wie Herr Grohmann. Ich habe das so verstanden, dass Miltiadis Grohmann nicht Paroli bieten konnte, obwohl er Propagandabeauftragter der kommunistischen Partei auf Kreta war, wie ich später erfuhr. Es gibt eine Verknüpfung zwischen Miltiadis und Herrn Grohmann.

Ich war zu jung, um zu wissen, wo Onkel Miltiadis damals wohnte. Ich vermute heute, er lebte bei Tante Despoina, die mit Nikos P. verheiratet war. Onkel Nikos war der Direktor der Post in der Präfektur Chania und ein Linker, ein Linker, der als einziger in der Stadt Gamaschen trug. Ich weiß das so genau, weil er sehr lange und enge Schuhe getragen hat, zu denen ich U-Boote sagte, worüber er jedes Mal lachte. Miltiadis wohnte nicht immer in Chania, denn ich weiß, dass er zum Schluss in den Bergen war, weil er in der Stadt um sein Leben fürchten musste. Onkel Miltiadis, geboren 1908, lebt nicht mehr, und ich möchte nichts Schlechtes über ihn sagen, aber das was jetzt folgt, betrachte ich als Pluspunkt für ihn. Er war ein Theoretiker, kein Kämpfer, und er hat nie geschossen. Er meinte, die Deutschen würden ihn leicht finden, auch auf dem Berg, weil sein Herz vor lauter Angst so laut schlage, dass man es von weitem hören könne.

Über Major Grohmann habe ich nach dem Krieg mehr erfahren, was das Bild, das ich von diesem Mann hatte, eher komplizierte. Er hatte Geschwister, die in der griechischen Armee dienten. Er als Bergbauingenieur habe offensichtlich die Absicht gehabt, die Leitung des Familienbetriebes bei Lavrion zu übernehmen und als deutschen Betrieb weiterzuführen. Da er in Deutschland studiert und den Dienstgrad eines Majors hatte, muss er wohl vor dem Krieg in der deutschen Wehrmacht gewesen sein, meine ich. Als der Krieg zu Ende war und die Wehrmachtseinheiten sich geordnet den Engländern ergeben hatten, hatte er einen kleinen Lastwagen aus den Beständen abgezweigt und ihn Miltiadis als Existenzgrundlage geschenkt. Herr Grohmann war dann erst mal weg!

Onkel Nikostratos hat den Kontakt zu ihm aufrecht erhalten. Diese Beziehung hatte für mich einen komischen Beigeschmack, denn ich hatte den Eindruck, dass mein Onkel Herrn Grohmann mit Ehrfurcht begegnete. Herr Grohmann gründete in Herford einen Betrieb für Baustoffe, baute sich in der Nachkriegszeit eine solide Existenz auf. Mehrmals wurden Nikostratos und Mersini mit ihren Kindern von ihm eingeladen, die Familie Grohmann in Herford zu besuchen. Auch zu seiner Ehefrau Marianthi in Athen hatten sie Kontakt gehabt.

Als ich 1972 bis 1976 als Oberarzt und jung verheiratet in Hamm tätig war, bekam ich die Empfehlung von Onkel Nikostratos und Tante Mersini, Marianthi Grohmann in Herford zu besuchen. Herr Grohmann lebe zwar nicht mehr, aber wir seien herzlich willkommen.

Ich meldete mich und meine Frau Hannelore telefonisch an und vereinbarte einen Termin für einen Besuch. Wir fanden schnell das Haus: eine typische solide Villa aus den 50er Jahren, geschmackvoll mit Antiquitäten eingerichtet. Frau Marianthi Grohmann, ich schätzte sie auf etwas über 65, empfing uns höflich. Ich weiß nicht warum, aber als sie mich sah, hatte ich das Gefühl, sie sei unangenehm überrascht. Ich dachte, ich müsste einen Bezug von mir zu Herrn Grohmann herstellen und sagte so freundlich und so höflich wie ich nur konnte, dass ich als Kind Herrn Grohmann einmal getroffen hatte.

Für einige Minuten ignorierte sie mich, sprach nur mit Hannelore, die aber plötzlich einen Schwächeanfall bekam und sich stützen musste. Frau Grohmann erkannte sofort was mir als Arzt und Ehemann nicht aufgefallen war: sie fragte Hannelore, ob etwas unterwegs sei. Hannelore sagte ja, und wir nahmen erst mal Platz. Frau Grohmann meinte, dass dies ein besonderer Anlass sei, den man feiern müsse. Sie öffnete einen Schrank und nahm eine Flasche Wein heraus, Beerenauslese. Wir tranken bedächtig. Als Frau Grohmann den Raum für kurze Zeit verließ, um ein Glas aus der Küche zu holen, ermahnte mich Hannelore, nicht mehr über ihren Mann zu sprechen, ich würde ja sehen, wie sie reagiere. Für mich war das Thema schon nach meiner Bemerkung beendet.

Als wir auf die Bleiminen zu sprechen kamen, sagte Frau Grohmann, dass die alten Griechen auch Minen gehabt hätten, nicht in Form von Stollen, sondern als tiefe Brunnen. In diese Brunnen wurden Gefangene abgeseilt und mussten in der Tiefe arbeiten, bis sie starben. Schrecklich, sagte ich, und Frau Grohmann auch. Frau Grohmann sagte zum Abschied, dass wir uns gerne wieder melden könnten, wenn wir möchten. Es klang so, als ob wir es auch tun sollten. Hannelore hatte aber nie den Wunsch dazu geäußert.

Als ich 2005 das Buch über die Schlacht von Kreta las (Antony Beevor: Crete. The Battle and the Resistance. London 1991), erfuhr ich, dass Major Emil Grohmann für die Vernehmung aller verhafteten Griechen zuständig war. In der Regel wurden sie danach hingerichtet, allerdings nicht von ihm.

Wenn man nach so vielen Jahren anfängt nachzudenken, überlegt man, was für eine Akte Herr Grohmann bei der deutschen Militärbehörde gehabt haben muss. Er hat mit dem MAD (Militärischer Abwehrdienst) kooperieren müssen, aber warum nicht in Athen? Der deutschen Botschaft vor dem

Krieg kann er kein Unbekannter gewesen sein. Herr Grohmann war gebildet und im sozialen Gefüge Griechenlands nicht unwichtig. Auf Kreta war er ein Besatzer, und er war nicht nur ein Bürokrat der Wehrmacht. Durch seine Sprachkenntnisse kannte er die soziale Struktur der Stadt bald in- und auswendig. Wenn Nikostratos, Mitsotakis und Manussakis eng befreundet waren, dann wusste der Vernehmungsoffizier Grohmann, wer eine Waffe in die Hand nahm und wer nicht. Ich vermute, dass er eine mehr als wichtige Rolle in der Verwaltung der *Festung Kreta* gespielt hat. Er pflegte wahrscheinlich sein Image in beide Richtungen sehr sorgfältig.

Was hatte ihn veranlasst, einen Freund meines Vaters, Herrn B., in seiner Werkstatt aufzusuchen und ihm zu sagen, dass Deutschland bald ganz Europa gehören würde? Grohmann wusste, dass eine solche Bemerkung weitergeleitet würde. Jeder wusste doch schon, dass die Deutschen den Krieg verlieren werden. Warum trat Grohmann so aggressiv auf? Hatte er es nötig? Musste er sich absichern?

1944, nach dem Attentat auf Hitler und nachdem die Ostfront praktisch zusammengebrochen war, waren alle deutschen Offiziere erpicht darauf, sich gegenüber Hitler ergeben zu zeigen. Herr B. hatte zusammen mit meinem Vater 1917 Abitur gemacht, danach als Schiffsmaschinist an komplizierten Dampfmaschinen gearbeitet und führte vor dem Krieg eine Maschinenreparaturwerkstatt. Herr Grohmann bekam von Herrn B. die Antwort, das sei nicht gut für Europa. Diese Geschichte habe ich von Herrn B. selbst gehört.

Major Recelli

Meine älteste Schwester Marika, geboren 1922, war zur Zeit der deutschen Besatzung 20 Jahre alt. Sie hatte viele Verehrer, die ihr den Hof machten. Darunter war auch ein italienischer Marineoffizier, Major Giuseppe Recelli. Er war sehr verliebt in sie. Die Deutschen waren Feinde, aber die Italiener wussten nicht was sie waren, und die Kreter wussten es eigentlich auch nicht. Herr Recelli war ein seriöser Mann, der mit Blumen oder (etwas anderes war nicht verfügbar) Lakritze und Bonbons kam. Irgendwann hielt er ganz offiziell bei meinem Vater um die Hand meiner Schwester an. Wir lebten in unserem Landhaus *Kapsalonas*, es muss also Ferienzeit gewesen sein. Ich erinnere mich, dass mein Vater ihn vertröstete bis nach Kriegsende, was der junge Mann wohl auch akzeptierte.

Ich erinnere mich auch noch an andere Begegnungen mit Italienern in unserem Haus auf dem Land. Uniformierte Marineoffiziere, die im italienischen Konsulat tätig waren, kamen mindestens zweimal zu uns. Das letzte Mal waren sie aufgeregt und schienen besorgt. Sie standen da, schauten auf ihre Schuhspitzen und auf den Boden und dann in den Himmel, und auch mein Vater schien besorgt. Als sie weg waren, sagte man mir, dass das italienische Konsulat bis zu den Grundmauern niedergebrannt sei, und dass die Italiener die verschlüsselte Information erhalten hatten, dass Italien die Fronten gewechselt habe. Aus Angst, die Deutschen könnten Wind davon bekommen, hatten sie das Papier in einem Papierkorb verbrannt. Das Ergebnis war, dass das ganze Haus abbrannte. Mein Vater soll ihnen angeboten haben, ihnen die Flucht zu ermöglichen, und sie sollen geantwortet haben, dass Flucht ihr Geheimnis offenbaren würde. Herr Recelli, den ich schon lange nicht gesehen hatte, war bei diesen Gesprächen nicht dabei.

Nach dem Krieg erfuhr ich, dass Herr Recelli der Kapitän des Schiffes war, auf das die rund 2000 Juden der Stadt Chania gebracht worden waren und das von einem Torpedo versenkt wurde. Niemand hat überlebt.

Wehrmachtsfeier 1945

Die politische wie die militärische Lage war im Sommer 1944 verändert, was ich irgendwie mitbekam, aber nicht bewerten konnte. Nach dem Attentat auf Hitler herrschte unter den deutschen Offizieren Angst, die sie mit übertriebener Forschheit kaschierten, und Hinrichtungen im früheren Ausmaß gab es nicht mehr. Jahrzehnte später habe ich erfahren, dass sich die Deutschen von den meisten der ägäischen Inseln nach Kreta zurückgezogen und dass sie ohne Kampf die halbe Insel den Briten überlassen hatten. In Iraklion saßen die Briten, in Rethymnon und Chania die Deutschen.

Was ich jetzt beschreibe, bedeutet zwar einen kleinen Zeitsprung, passt aber gut dazu. Wenn ein britisches Flugzeug am nächtlichen Himmel auftauchte, gingen bis zu 20 Scheinwerfer an, die einen Korridor links und rechts des von ihnen erfassten Flugzeugs bildeten. Beschossen wurde es von bis zu 15 Stellen, die zum Teil Leuchtmunition abfeuerten. Einen Abschuss habe ich nicht mitangesehen.

Im Januar 1945 war ich im Sportstadion von Chania bei einer großen Feier der Wehrmacht, mit Reden, die über Trichterlautsprecher übertragen wurden. Ich habe nichts davon verstanden, doch ein älterer Schüler meinte, der Redner habe gesagt, dass das Schwert der Deutschen noch scharf sei, was aber nicht mehr so kämpferisch geklungen habe wie früher. Er hatte den Redner verstehen können, denn auf dem Gymnasium war Deutsch Pflichtfach. Mich hat bei dieser Feier der von den Scheinwerfern gebildete Lichtdom beeindruckt. In einer Schweigeminute hörte ich neben mir leise das Erkennungszeichen der BBC: *Bum-bum, bum-bum*. Der Mann hat damit eine Menge ängstlicher Blicke auf sich gezogen.

Professor Hoche

Es gab seit 1944 Hinrichtungen im früheren Ausmaß zwar nicht mehr, aber die Angst davor war immer noch groß. An einem späten Nachmittag kam von der Landstraße her ein deutsches Auto. Mutter packte Phoibos und mich wie gewohnt am Nacken und zog uns ins Haus in Richtung Elternschlafzimmer. Die Unterlippe meines Vaters zitterte, was höchste Alarmstufe bedeutete. Obwohl es nur hundert Meter waren, dauerte es eine Ewigkeit, bis ein älterer Soldat und ein Hauptmann ausstiegen. Sie wollten meinen Vater sprechen. Mein Vater brachte sie in den großen Raum, der als Wohn- und Esszimmer genutzt wurde. Sie sprachen längere Zeit miteinander auf Französisch. Es wurde spät und später, und die beiden gingen und gingen nicht.

Als wir zu Abend essen wollten, gingen sie endlich, sagten aber, dass sie wiederkommen würden. Alle wollten wissen, was sie gewollt hatten. Mein Vater zuckte verlegen mit den Schultern, erzählte dann aber doch: Anfangs hätten sie gefragt, wie die Situation in der Umgebung und im Dorf sei, dann habe der Hauptmann gesagt, er sei Professor und Direktor am französischen Institut in Prag und heiße Hoche. Mein Vater hatte den ersten Schock zwar überwunden, aber die Angst war geblieben, denn ohne Grund kommt ein deutscher Offizier nicht aufs Land und macht Konversation. Professor Hoche und sein Begleiter kamen etwa einen Monat später wieder. Sie blieben diesmal noch länger als bis zum Abendbrot, aßen aber nicht mit. Professor Hoche stellte seinen Begleiter vor. Er war ein gemütlicher, freundlicher Mann von etwa 50 Jahren, hieß Abel und war im Zivilleben Kunst- und Kirchenmaler in Oberbayern. Er zeichnete Phoibos auf dem Kinderstuhl sitzend und erzählte, dass er aus einer Gegend in Deutschland komme, wo die Menschen bei einem Streit auch schon mal das Messer zückten. Die beiden schienen jeder auf seine Weise mit den Besuchen bei uns eine willkommene Abwechslung gefunden zu haben. Herr Abel schenkte uns Zeichnungen von kretischen Landschaften und kretischen Bauern, die später das Haus meiner Schwester Elli zierten. Sie kamen noch ein drittes Mal und blieben wieder bis spät abends. Herr Hoche bekannte im Laufe des Gesprächs, er sei vom MAD, wisse also, wer gefährlich sei und wer nicht. Er wollte seine Wertsachen, seinen Fotoapparat und einiges andere, zur Aufbewahrung bei uns lassen, und wenn er den Krieg überlebe, wieder anfordern, wenn es meinem Vater recht sei. Natürlich war es Vater recht. Es kann 1947 gewesen sein, als mein Vater einen sehr formellen kurzen Brief von Herrn Hoche aus München bekam mit der

Bitte, ihm seine Sachen zu schicken, was auch geschehen ist. Mein Vater war entrüstet darüber, dass nicht die Spur einer persönlichen Bemerkung oder eines Dankes im Brief zu finden war.

Inzwischen verstehe ich einige Zusammenhänge. Onkel Nikostratos wird wohl die Sache mit dem jungen Fallschirmjäger, der beim Abendappell vermisst und als Gast am Tisch in unserem Haus entdeckt worden war, Herrn Grohmann erzählt haben. Herr Grohmann wiederum war der Vernehmungsoffizier der griechischen Widerstandskämpfer und musste mit dem MAD zwangsläufig kooperiert haben. Er muss meinen Vater Professor Hoche als zuverlässigen Mann für die Aufbewahrung seiner Wertsachen empfohlen haben, und so lässt sich alles verstehen, wie wenn man einen Film zurückspult.

Ordnung muss sein

Im April 1945 war absolut klar, dass es nur noch eine Frage von Tagen war, bis der Krieg offiziell zu Ende sein würde. Eines Tages kursierte die Nachricht, dass eine *Porne* einen randalierenden betrunkenen deutschen Freier hinauswerfen wollte, er aber nicht ging. Sie rief die Feldjäger, dass sie ihn abholen. Im Schnellverfahren wurde dieser Soldat von einem Militärgericht zum Tode verurteilt. Wie mein Vater in der Familie erzählte, reichte der örtliche Verband der kretischen Rechtsanwälte, zu denen auch Mitsotakis gehörte, eine Petition bei den deutschen Behörden ein, ein solches Vorgehen kurz vor Kriegsende nicht zum Anlass für eine standrechtliche Erschießung zu nehmen. Die Deutschen haben dem Gnadengesuch nicht entsprochen, der Soldat sollte um 10 Uhr vormittags an der Stadtmauer erschossen werden, damit es jeder mitbekomme. Von Mitschülern hörte ich Kommentare wie „Barbaren bleiben Barbaren". Als es 10 Uhr war, bin ich in Hab-Acht-Stellung stehen geblieben und habe mir selber versprochen: „Das werde ich niemals vergessen."

Antony Beevor beschreibt in seinem Buch über den Krieg auf Kreta diesen Vorfall so: Der Kommandant sei nachträglich zur Rede gestellt worden und habe ausgesagt, der Soldat sei schon vorher aufgefallen, mit Vergewaltigungen und Kinderbelästigung. Wenn dem wirklich so war, dann war wofür er verurteilt worden war ein minderes Vergehen im Vergleich zu den vorherigen, nicht beachteten.

Der wirkliche Grund für die Hinrichtung war wohl ein anderer. Der östliche Teil Kretas war kampflos den Briten überlassen worden, und die Deutschen bemühten sich, jegliche Provokation zu vermeiden, sich auf Polizeifunktion zu beschränken. Aus Angst, dass nach Kriegsende der Waffeneinsatz zur Selbstverteidigung nicht möglich sein würde, wollten sie der Bevölkerung zeigen, dass sie „korrekt gegen alle" vorgehen.

Die Befürchtungen der Deutschen waren nicht aus der Luft gegriffen, und die Briten waren sich solcher Überlegungen durchaus bewusst. Bei einem über Mittelsleute organisierten Treffen zwischen britischen Offizieren und deutschen Kommandeuren wurde vereinbart, dass die Deutschen in Chania und Rethymnon sich ergeben aber ihre Waffen behalten sollen, bis sie sich in einem überschaubaren Raum zur Abwicklung der Formalitäten und des anschließenden Abtransportes versammelt hätten. Der Bitte wurde vernünftigerweise entsprochen, und so kam es nicht zu einem Gemetzel.

Als der Krieg offiziell zu Ende war, kam ein deutscher Offizier aus dem Krankenhaus von Agios Ioannis. Ein Kreter, in dem sich viel Wut aufgestaut hatte, zog eine Pistole und erschoss ihn auf der Straße. Die Leute versammelten sich um den Schützen und erklärten ihm, er habe eben einen Arzt getötet, der der Bevölkerung geholfen habe wo er nur konnte. Der „tapfere" Mann mag wohl nur mit den Schultern gezuckt haben in der Meinung, einen Deutschen getötet zu haben, egal welchen, sei eine gute Sache.

Die Verbindung von Vorurteil, mangelnder Bildung und Hass befördert Lynchjustiz, und die auszuüben gereicht keinem zur Ehre.

Der Fahnenflüchtige

Es war eine Begebenheit mit großer Wirkung auf die Seele von uns Kindern. Im Frühjahr 1945 wusste ich, dass Deutschland den Krieg verloren hatte und dass die Besatzungszeit zu Ende ging. An einem Nachmittag sollte ein fahnenflüchtiger deutscher Soldat bei Einbruch der Dunkelheit zu uns gebracht werden. In der Nacht würde er weiter in die Berge geführt werden, wo die Partisanen waren. Tatsächlich kamen am frühen Abend einige Leute mit einer Karre und luden eine große Munitionskiste ab und brachten sie ins Haus. Die Kiste, die mir für einen Menschen zu klein schien, wurde aufgemacht, und ich sah etwas Schreckliches: Ein Mann, blassgelb wie Wachs im Gesicht, lag seitlich in Hockstellung darin. Ich wurde von meinem Vater sofort hinaus geschickt. Nach einigen Stunden war der Mann wieder weg. Mein Vater sagte dann laut zu uns, er habe keine Sympathie für solche Menschen, die es in jeder Armee gebe und die mit Sicherheit nicht die Besten seien.

The Aliens

Im Frühjahr 1945 hat mich Andreas mit ins Kino genommen, wo ich seit 1940 nie mehr war. Wir saßen im Rang, denn unten war für deutsche Soldaten reserviert. Es gab natürlich einen deutschen Film mit Untertiteln, die ich nicht so schnell lesen konnte. Ich erinnere mich an eine Szene in einem Hafen mit einem großen Schiff und einer tränenreichen Verabschiedung am Kai. Die Frau und der Mann waren in Zivil. Ich war sehr erstaunt und zog Andreas am Ärmel und fragte: „Das sind Deutsche, und sie tragen keine Uniform?" Er schaute mich kurz an und sagte: „Wieso, wusstest du das nicht?" Ich habe mich geschämt und war still. Ich dachte bis dahin, dass die Deutschen auch privat Uniform tragen, Männer und Frauen, so wie heute die Aliens in Science-Fiction-Filmen gleich angezogen sind, damit man sie von Menschen unterscheiden kann.

Fünftes Kapitel

Kriegsende

Erstaunlicherweise herrschte keine übermäßige Euphorie, als der Krieg zu Ende war. Mein Vater wusste, dass er wieder bei Null anfangen musste und dass uns ein Bürgerkrieg erwartet.

Die Rolle der Engländer während der deutschen Besatzung ist in wenigen Worten zu beschreiben. Es waren vermutlich weniger als hundert von ihnen auf der Insel, sie hatten aber ein Informationsnetz aufgebaut, das sehr effektiv war, nicht zuletzt weil die Bevölkerung sie unterstützte.

Sie förderten und organisierten *warlords* und animierten sie, gegen die Besetzer zu agieren, was in Iraklion und Rethymnon auch weitgehend gelang. Diese *kapitanos* waren starke, aber zum Teil selbstsüchtige Persönlichkeiten und konnten die in Panik in die Berge flüchtende Bevölkerung aus den ländlichen Bereichen führen, aber nicht gut.

Es ist kein Geheimnis, dass in dieser Zeit der Kommunismus fast religiöse Formen angenommen hatte. Viele Städter auf Kreta waren davon infiziert. Die Briten hatten dafür gesorgt, dass durch die Rechten und hauptsächlich durch die *kapitanos* ein organisierter Widerstand der Kommunisten auf Kreta unmöglich war.

Wildwest auf Kreta

In unser Haus in Chania wurde nach dem Krieg von der Bande eines solchen *kapitanos* eingebrochen. Mein Vater behauptete, dieser Mann sei zur Plage geworden. Unter dem Vorwand Kommunisten zu bekämpfen, wolle er seine Macht erhalten, die er während des Krieges als Widerstandskämpfer zweiter Klasse erlangt habe, und Raubzüge veranstalten. Das internationale Recht erlaubt keine Antipartisanen-Gangs. Die griechische Regierung hat sie aber erst reichlich spät aufgelöst.

Das Landgut *Kapsalonas* war nicht ganz im Besitz meines Vaters. Etwa ein Hektar war gepachteter Klosterbesitz. Mein Vater wollte das Land nach dem Krieg kaufen, aber einige Tage nach Kriegsende besetzte ein Mitkämpfer des bewussten *kapitanos* mit seiner Familie dieses Stück Land und baute eine Holzhütte darauf. Mein Vater protestierte und schaltete Juristen ein, aber die Papiere waren bei der Verwaltung nicht mehr auffindbar. Als ich eines Tages aus der Schule nach Hause kam, herrschte große Aufregung: Mein Vater lag mit einer Schädelverletzung im Krankenhaus. Die Sippschaft des Landbesetzers hatte ihn überfallen und mit einem Knüppel auf den Kopf geschlagen. Er hat nur mit viel Glück überlebt. Die Familie dieser Landbesetzer lebt übrigens heute noch dort. Anständige Verwandte dieser Verbrecher haben sich meinem Vater gegenüber glaubhaft von ihnen distanziert.

Tempest - Der Sturm

Da die Kommunisten praktisch sofort nach dem Abzug der Deutschen die Regierung für sich beanspruchten, aber abgewiesen wurden, herrschten in Griechenland von Anfang an Spannungen, die später zum Bürgerkrieg eskalierten.

Onkel Miltiades war in der kommunistischen Partei, deswegen gefährdet und in die Berge geflüchtet. Bewaffnete Rechte, die sich MAY nannten und sich als Antipartisanen verstanden, erklärten sich zu Richtern und Henkern und zu Rettern der westlichen Zivilisation. Wenn sie einen Partisanen getötet hatten, steckten sie seinen abgeschlagenen Kopf auf eine Stange und paradierten damit stolz durch die Stadt.

Es war nur eine Frage der Zeit, bis sie Onkel Miltiades, den geschickten Propagandisten der Kommunisten, erwischen würden. Die Familie machte sich große Sorgen. Am Ende wurde eine Lösung gefunden, die wie ein Witz klingt, aber mehr als alle politischen Analysen die damalige Situation widerspiegelt.

Onkel Nikostratos vereinbarte mit dem Oberbefehlshaber der griechischen Polizei General Buttirakis, dass die Polizei seinen Bruder Miltiades gefangen nehmen sollte, denn offiziell war er flüchtig. Das Problem dabei war, dass MAY-Truppen den General begleiten würden, und die würden sofort schießen, auch gegen den Befehl. Der General wäre von ihnen zum Kollaborateur erklärt worden.

Polizei und MAY-Truppen fuhren also zum verabredeten Ort. Der General wies die MAY an, die Gegend in einer bestimmten Richtung abzusuchen, womit sie eifrig begannen. Als sie sich entfernt hatten und es sicher genug schien, gab der General das verabredete Signal: Miltiades sprang aus seinem Versteck und auf den Jeep, und sie fuhren weg, bevor die MAY davon Wind bekam.

Die Geschichte hatte eine amüsante Fortsetzung. Onkel Miltiadis saß in einer Art Schutzhaft im Gefängnis, und die Verwandtschaft versorgte ihn der Reihe nach mit Essen. Er bat auch um Bücher, weil es im Gefängnis langweilig sei, und als ich an der Reihe war, ihm das Essen zu bringen, brachte ich ihm mit anderen Büchern auch den *Sturm (Tempest)* von Shakespeare.

Der Pförtner im Untersuchungsgefängnis nahm das Essen entgegen, dann prüfte er die Bücher. Als er den Titel *Der Sturm* las, schaute er mich vorwurfsvoll an und sagte, dass es eine Frechheit sei, ein Buch mit diesem Titel einem Kommunisten zu bringen. Ich sagte spontan: „Das ist doch von einem Engländer, das steht doch drauf: Shakespeare." Er schaute sich das Buch noch ein mal an und machte dann eine Handbewegung in dem Sinne, er lasse Fünfe gerade sein, und er ließ es passieren.

Ein Jahr später, meine Schwester Marika war bereits mit ihrem englischen Offizier verheiratet, erfuhr mein Vater von der Polizei, dass man eine Liste des Exekutionskommandos der Kommunisten gefunden habe mit den Namen aller zu liquidierenden Personen, etwa 200. Darunter sei auch sein Name. 2002 habe ich dann noch erfahren, dass Kenner der Szene heute noch behaupten würden, dass der Vardakis undurchsichtige Kontakte zu Offizieren der Feinde gehabt habe. Ich musste an die Italiener und an Professor Hoche denken.

Sechstes Kapitel

Bin ich nun ein Deutscher?

An die Antwort, die ich meinem Bekannten im Prolog gebe, nämlich dass Celle, also Deutschland, meine Heimat sei, habe ich beim Niederschreiben meiner Erinnerungen nicht mehr gedacht, bis jemand beim Korrekturlesen mich fragte, wieso nach solchen Erfahrungen meine Einstellung zu Deutschland so positiv sei. Unabhängig von der Erziehung, die ich genossen habe, haben nach meinem Verständnis Geist, Moral und Benehmen keine Nationalität. Der Rest ist Politik.

1953, nach dem Schulabschluss, hatte ich die Aufnahmeprüfung der medizinischen Fakultät der Uni Athen bestanden, unter 1500 Bewerber, aber ich gehörte nicht zu den ersten Hundert, die aufgenommen wurden. Manche haben es drei-, viermal probiert. Aufgenommen zu werden bedeutete Aufenthalt in Athen und Vorbereitungskurse.

Viele gingen damals zum Studium ins Ausland. So hatte ich es meinen Eltern auch vorgeschlagen. Die Erstwahl Paris war zu teuer, doch Wien war nicht teurer als Athen. Mein Vater hatte von Großvater nur Lob über Wien gehört, so dass es mir leicht gelang, ihn zu überreden, mich nach Wien gehen zu lassen.

Mein Vater sagte mir beim Abschied, er rechne nicht damit, dass ich eines Tages nach dem Studium nach Chania zurückkommen würde. Eltern würden ihre Kinder mehr lieben als sich selbst und ich solle mir um sie keine Sorgen machen. Mein erster Deutschlehrer in Wien war Herr Erwin S., mein zweiter ein Grieche, der in Hamburg geboren war und Germanistik und Theaterwissenschaft studiert hatte. Zur Einstellung meines Vaters meinte er, dass ich in Österreich sozial keine Überlebenschance hätte, wenn ich nicht das nachholen würde, was einer mit Matura gelernt habe.

Er hat mich geleitet, nicht nur was die Sprache anbelangt, sondern auch bezüglich Literatur, Musik und Kunst. Ich habe von einem griechischen Komponisten und Musikschriftsteller Unterricht in Kunstgeschichte erhalten, deutsche Literatur ab dem zweiten Jahr gelesen. Mein erstes Buch war *Klei ner Mann was nun* von Hans Fallada, als nächstes die Werke von Gottfried Keller. Und so ging es weiter, aber nicht immer so intensiv.

Meine Schwester Marika lebte zu der Zeit mit ihrem britischen Mann in Delmenhorst in Deutschland und ich besuchte sie dort. Ich berichtete ihr stolz, dass ich bei meiner Immatrikulation der 93. griechischer Student in Wien war, dass die Zahl der Griechen dort jetzt auf 520 angestiegen sei und dass ich als Vorsitzender des Vereins griechischer Studenten so gefordert sei, dass ich dringend aus Wien weg müsse.

Inzwischen war auch mein Bruder Phoibos in Wien angekommen. Marika konnte meinen Vater telefonisch davon überzeugen, dass es für mich besser sei, in Deutschland weiter zu studieren, und auf dem Rückweg von Delmenhorst nach Wien hielt ich in Göttingen an und schrieb mich an der dortigen Universität ein.

Phoibos kam später auch nach Göttingen und studierte dort Chemie. Es gab keine kulturellen Adaptationsprobleme, nur sprachliche.

Da Phoibos und ich nicht als Feinde oder Okkupanten nach Deutschland gekommen waren, sondern wegen des Studiums und wegen der humanistischen Bildung, war es immer unser Anliegen, uns einzubringen und das Gute in uns aufzunehmen.

Die Jahre ab April 1954 in Wien und ab Sommer 1956 in Göttingen haben uns geprägt. Heute sieht meine ganze Familie Deutschland so wie die anderen Länder in Westeuropa. Es gibt da keine historisch kollektive Erblast, keine Ressentiments mehr. Phoibos und ich mit über 50 Jahren Aufenthalt in Deutschland sind deutsche Staatsbürger geworden. Freiwillig.

Phoibos war an der Uni Göttingen verbeamtet und lebte dort bis zu seinem Tod im Februar 2007. Eine Tochter meines Bruders Andreas ist Archäologin und Anthropologin und lehrt Anthropologie an der Technischen Universität (TU) Kreta. Ihr Mann war früher Professor für Regeltechnik in München und lehrt jetzt auch an der TU Kreta. Meine Nichte liest Fachliteratur auch auf Deutsch. Das weiß ich, weil ich ihr das Gilgamesch-Epos in deutscher Sprache besorgt habe, das es auf Griechisch nicht gibt.

Meine Cousine Despoina, die Tochter von Miltiadis, hat in Weimar Architektur studiert. Ihr Vater, der aktive Kommunist, hat viel erleiden müssen. Er bekam als Belohnung für seinen Einsatz ein Stipendium der DDR für eines seiner Kinder. Onkel Miltiadis wusste, dass ich in Deutschland lebe und fragte mich, ob es opportun sei, dieses Angebot anzunehmen oder ob es für sein Kind eher Nachteile bringen würde. Ich sagte, dass es besser sei, Architektur in Weimar zu studieren, als Strickwolle in Chania zu verkaufen, und letztendlich: die Zeiten änderten sich. Es hänge von den Interessen seines Kindes ab, davon, wie es sein Leben gestalten wolle. Gemeint war, ob meine Cousine sich parteipolitisch engagieren wolle oder nicht. Er fand meine Argumentation überzeugend, und die kleine Despoina studierte tatsächlich in der damaligen DDR Architektur. Sie ist politisch nie aktiv geworden.

Ich selbst war mit einer Deutschen aus Königsberg verheiratet, die leider schon 1997 gestorben ist. Unsere einzige Tochter studierte Politologie und war als Studentin als Wahlbeobachterin in Bosnien. Nach dem Studium arbeitete sie für eine politische Partei. Ihre Muttersprache ist Deutsch, aber sie ist oft auf Kreta und spricht leidlich Griechisch.

Bin ich gefühlsmäßig ein Deutscher? Ich weiß es nicht genau.

In Hildesheim 1972 habe ich erst standesamtlich geheiratet, dann wurde ich in der Andreaskirche evangelisch und danach auch noch griechisch-orthodox getraut. Ich war noch griechischer Staatsbürger, und Griechenland kannte damals die standesamtliche Trauung nicht, nur die kirchliche.

Damit meine Frau in Griechenland nicht als Konkubine gelten würde, mussten wir auch griechisch heiraten. Der Pope aus Hannover hat bei der Trauung den heiligen Andreas und „unseren Präsidenten Heinemann" in seine Fürbitte eingeschlossen. Griechen unterstellen sich immer der Obrigkeit des Gastlandes.

Epilog

Der Urlaub auf Kreta im Jahr 2002 ging zu Ende. Wir, meine Lebensgefährtin Frauke und ich, verstauten die Koffer im Mietauto. Da wir erst am Abend fliegen würden, nutzten wir den Tag, um das mir bekannte Dorf Laki zu besuchen und dort zu Mittag zu essen.

Vor etwa 15 Jahren, als ich zusammen mit meiner Frau und einem befreundeten Ehepaar nach einem Besuch in Omalos (Samaria-Schlucht) um die Mittagszeit nach einem Lokal suchte, hatte ich in diesem Dorf etwas entdeckt, das nach Kaffeehaus oder Speiselokal aussah. Was ich vorfand, war eine Halle mit großen Fensterscheiben, mit Neonleuchten und mit einer Vitrine ohne Inhalt. Ich fragte die anwesende Frau, ob es hier etwas zu essen gäbe. Die Frau sagte, es gäbe nur Koteletts und Pommes. Meine Frau und Bille stimmten sofort zu, wir Männer waren unschlüssig, worauf die Frau uns anbot, wir könnten auch Zicklein haben. Sie habe genügend gekocht und wir könnten zwei Portionen abhaben. Wir stimmten zu, und sie brachte uns ein köstliches Mahl. Unser Freund Friedrich wollte ab jetzt nur noch das nehmen, was Georg bestellte. Deswegen hatte ich die Gaststätte in guter Erinnerung behalten, war seitdem noch zwei weitere Male dort und hatte ähnlich gut gegessen.

Als ich nun mit Frauke dort erschien, erkannte mich die Frau halbwegs. Ich habe ihre gute Küche gepriesen, da machte sie sofort einige Vorschläge, was wir jetzt essen sollten und richtete auch ein paar Worte auf Deutsch an Frauke. Der Ehemann der Köchin setzte sich zu uns an den Tisch. Er hatte über zehn Jahre bei Opel Autos montiert und sprach gut Deutsch. Er verwickelte uns in ein Gespräch, wie es auf dem Dorf so üblich ist. Die Frau bat Frauke, ihre Spezialität „Maultaschen mit Zwiebelfüllung“ zu probieren.

Da wir genügend Zeit hatten, besuchten wir anschließend einen alten Freund der Familie, der gut 14 Jahre älter ist als ich, Jorgos P. Jorgos ist Besitzer des bekannten Hotels *Porto Veneziano* in Chania. Er war früher unser Schneider, als es auf Kreta noch keine Konfektionskleidung zu kaufen gab, was praktisch bis in die 60er Jahre der Fall war. Auch mir hatte er Jacken und Hosen geschneidert. Jorgos war ein guter Schneider. Später baute er ein Hotel und gab seine Tätigkeit als Schneider auf. Sein Landhaus in Laki befand sich etwa 200 Meter von diesem Dorflokal entfernt auf einer Anhöhe, die man mit dem Auto mehr erklettern als befahren musste, und dort haben wir ihn aufgesucht.

Er empfing uns freudig. Sein Haus war frisch renoviert, die Außenwände waren frisch gestrichen, das Dach neu, der Garten ästhetisch schön gestaltet. Er führte uns ins Haus, das innen einen ebenso gepflegten Eindruck machte und stellte uns zwei älteren Damen vor, die schwarz gekleidet waren und auch das schwarze Kopftuch trugen, wie es vor Jahrzehnten in den Dörfern üblich war. Es waren seine Schwestern.

An der Wand hingen einige Bilder von Männern in kretischer Tracht, auch ein Bild von Mikis Theodorakis im Frack bei einem Konzert in *Covent Garden*. Als Jorgos bemerkte, dass ich Mikis Theodorakis erkannt hatte, fragte ich ihn, warum das Bild hier hinge, und er antwortete: „Ich habe ihm diesen Frack geschneidert." Ich sah, dass das Foto mit einer persönlichen Widmung versehen war. Mir war bekannt, dass Mikis Theodorakis während des Krieges zu einer Gruppe von Kommunisten gehört hatte. Dass er selber aktiv war, glaube ich nicht. Ich wusste allerdings, dass Jorgos während des Krieges als Partisan gekämpft hatte und verhaftet worden war. Er stand kurz vor der Hinrichtung, wurde dann aber ins Konzentrationslager Mauthausen in der Wachau geschickt, wo er etwa drei Jahre gefangen war.

Frauke, die freundlich empfangen worden war, wusste davon natürlich nichts. Jorgos begrüßte uns höflicherweise mit ein paar Worten auf Deutsch, woraufhin sie überrascht fragte, wo er denn Deutsch gelernt habe. Er wollte es nicht sagen, weshalb ich ihn bat, es doch zu tun, denn Frauke sollte Kreta so kennen lernen wie es ist. Daraufhin führte er sie durch das Haus und zeigte ihr auch die Stelle, wo er früh um vier Uhr verhaftet worden war. Rund 400 Personen seien verraten und auf der Basis einer präzisen Liste verhaftet worden, erzählte er. Er habe drei Jahre im KZ Mauthausen in der Wachau verbracht. Der Verräter sei ein Pope gewesen, der bei der Identifizierung mit dem Daumen nach links oder nach rechts die Leute sortiert habe.

Was Jorgos nicht erzählte, was ich aber im Rahmen meiner Nachforschungen erfahren habe: alle sollten hingerichtet werden. Dank der Intervention des örtlichen Bischofs wurden die meisten auf verschiedene Konzentrationslager verteilt. Der Bischof sagte den Deutschen, dass die Situation angespannt sei und die Hinrichtung von 400 Männern zum Aufstand und zu großen Komplikationen für beide Lager führen würde.

Der Aufenthalt in Jorgos Haus war trotzdem sehr angenehm. Wir wurden mit trockenen Früchten, Wein, Likör und einer Art Tresterschnaps versorgt, der auf Kreta Tsikoudia oder Raki heißt. Dann fotografierte Jorge uns und gab uns zwei Flaschen von seinem eigenen Wein mit. Er begleitete uns bis zum Auto und wünschte uns alles Gute. Er war im englischen Country-Style angezogen, trug ein beigekariertes Hemd, einen roten Pullover und eine Feincordhose in Beige und sah mit seinen über 80 Jahren sehr elegant aus. Während unserer Begegnung erzählte er uns auch kurz auf Griechisch von der Armut seiner Eltern und dass er, bis er 20 Jahre alt war, nur bei feierlichen Anlässen Schuhe tragen durfte. Jorgos war ein Kommunist und ist es geblieben. Nicht auf Jorgos P. bezogen, den ich sehr schätze, meine ich, dass Kommunismus für viele Menschen eine Art Religion ist, aber eine Religion wie die des Ignatius von Loyola.

Auf dem Weg zum Flughafen sagte Frauke, dass sie auf Kreta bisher lauter „Luxusleute“ kennen gelernt hätte. Sie sei überrascht, was sie in Begleitung eines Kreters alles gesehen und erfahren habe.

Die Begegnung mit Jorgos P. hatte Frauke gerührt. Ihr Vater ist nämlich ein, wie sie selber sagte, scharfer Offizier in einer berittenen SS-Einheit in Südfrankreich gewesen. Und darauf war sie keineswegs stolz.

Wir kehrten nach Deutschland zurück, Frauke nach Göttingen und ich nach Celle. Zwei Tage später hatte ich meinen freundlichen Bekannten getroffen.

Militärpolitischer Anhang – Die Eroberung und Besetzung Kretas

Ab August 1940 war international bekannt, dass Italien einen Angriff auf Griechenland plante. Griechenland, ein armes Land ohne richtige Transportmittel, ohne Luftwaffe oder Marine, hatte den Italienern nichts entgegenzusetzen.

Die Griechen transportierten – unter großen Mühen und von ihren Gegnern unbemerkt – auf Maultieren Kanonen und anderes Kriegsmaterial an die Grenze zu Albanien, das bereits italienisches Besatzungsgebiet war. Dort fügten ihre Truppen dem Gegner eine Niederlage zu, die das Image des Achsenverbündeten ruinierte.

Bis August 1940 war die britische Regierung davon ausgegangen, dass die Deutschen Jugoslawien und Griechenland nicht angreifen würden. Kreta war deshalb als Flugzeugträger für britische Langstreckenbomber vorgesehen. Die offizielle Version war, dass die Ölquellen in Rumänien in Gefahr sein könnten, aber alles spricht dafür, dass auch Nordafrika verteidigt werden sollte. Die Deutschen aber wollten nicht nur Kreta, sondern auch Zypern angreifen. Die Briten waren, wie man später sehen wird, sehr gut über die deutschen Absichten informiert. Großbritannien hatte Griechenland, das in großen Nöten war, schon vor der Kriegserklärung Italiens militärische Hilfe angeboten. Bis zuletzt aber hoffte die Regierung in Athen, dass das Land neutral bleiben könnte, wie es auch bei Spanien, Portugal und der Türkei der Fall war. Nach dem Angriff Italiens erlaubte die griechische Regierung London die Einrichtung einer Militärbasis auf Kreta und ließ sich im Gegenzug die Verteidigung der Insel durch die britische Armee vertraglich zusichern.

Griechenland verlegte daraufhin seine kretische Division an die Kriegsfront im Norden. Auf Kreta blieben lediglich Verwaltungseinheiten mit wohlklingenden Namen zurück, die nach der Kapitulation des Festlandes unter dem Befehl der Briten standen. Die Insel war nicht von den Briten okkupiert. Die griechische Regierung hatte die Briten um Hilfe an der griechisch-jugoslawischen Grenze gebeten, und die britische Regierung entsandte gegen den erbitterten Widerstand ihrer Militärführung ein Expeditionskorps von etwa 60.000 Mann nach Nordgriechenland, das über moderne Transportmittel verfügte und viel besser ausgerüstet war als die griechische Armee.

Die kriegerischen Handlungen, die zur Okkupation Kretas durch die Deutschen geführt haben, könnte man aussparen, hätten sie nicht eine besondere Bedeutung, man kann sagen, eine Schlüsselrolle im Bewusstsein der Deutschen in der damaligen Zeit erlangt. Bezeichnend ist, dass noch im Jahr 2002 mein Bekannter ein so falsches Bild von dieser Zeit hatte. Über das, was jetzt folgt, habe ich nirgendwo etwas in deutscher Sprache Geschriebenes gefunden. Es wird meist bewertend entweder gegen die Deutschen oder gegen die Griechen geschrieben. Die deutschen Quellen beruhen auf Berichten und Darstellungen von Soldaten oder der Presse der damaligen Zeit, die griechischen zu neunzig Prozent auf selbstbeweihräuchernder Folklore.

Die Informationen über die Entwicklung der Kriegshandlungen bis zum Abzug der Briten und der befreundeten Truppen, auf die ich mich stütze, entstammen hauptsächlich dem Buch von Antony Beevor.

Die Kampfhandlungen

An der griechisch-jugoslawischen Grenze trafen die Deutschen auf den erbitterten Widerstand der Griechen, die als Kämpfer einen exzellenten Ruf genossen. Die fünfte Gebirgsjägerdivision der Deutschen versuchte drei Tage lang einen

Pass zu überqueren. Die sechste Gebirgsjägerdivision erstieg deshalb einen als unpassierbar geltenden schneebedeckten Berg von über 2000 Metern Höhe und kreiste die Griechen ein, die sich dann ergeben mussten. Wegen ihrer Tapferkeit bei der Verteidigung durften sie ihre Gewehre behalten und abziehen, unter Ehrenbezeugung durch Gewehrpräsentieren seitens der Deutschen - Soldatenkodex wie vor 200 Jahren.

Wegen der Art der Truppenaufstellung, der chaotischen Verhältnisse in Nordgriechenland und wegen des immensen Drucks der deutschen Armee, die von Feldmarschall Wilhelm List angeführt wurde, war eine koordinierte und effektive Verteidigung nicht zu realisieren. Die Intention der Alliierten war, möglichst schnell abzuziehen, um möglichst viele Soldaten zu retten, sie nach Ägypten zu bringen und dort neu zu formieren.

Die Flucht nach Süden erfolgte trotz der damaligen Straßenverhältnisse schneller als der Vorstoß der nachrückenden deutschen Streitkräfte. Die wenigen nach Süden führenden Straßen wurden von der Luftwaffe unerbittlich angegriffen. Als die Deutschen sehr schnell bis Athen und zum Peloponnes vorgerückt waren, ließen die Briten die Idee fallen, Kreta als Flugzeugträger zu benutzen. Einem Bataillon aus Wales, das dort in Einsatzbereitschaft stand, wurden noch 14.000 Mann aus den britischen Dominions zur Seite gestellt. Diese Truppen rekrutierten sich aus australischen und neuseeländischen Freiwilligen. Es handelte sich bei ihnen nicht um Soldaten einer regulären Armee.

Die Briten hatten in Ägypten und auf Kreta insgesamt 150 Kampfflugzeuge stationiert, die Deutschen hatten ohne die Transportflugzeuge gut 800 bis 1000. Davon waren mehr als 600 Messerschmidt-*Stukas* (Sturzkampfbomber). Jede Woche verloren die Briten im Mittelmeer Kriegsschiffe. Ihre Verluste waren so groß, dass gar nicht daran zu denken war, Kreta könne gehalten werden.

Von Anfang April bis Mitte Mai 1941 wurden der britischen Marine drei Kreuzer und sechs Zerstörer versenkt und zehn große Schiffe und sieben Zerstörer stark beschädigt.

Bezeichnend ist, dass die für die britische Marine so wichtige Souda-Bucht im Norden Kretas nicht zum Stützpunkt ausgebaut worden war. Es gab nur eine *Flak*(Flugabwehrkanone)-Batterie auf der Nordseite und eine im Süden sowie eine einzelne Kanone zwei Kilometer westlich der Bucht, dort wo sich heute das Elektrizitätswerk befindet. Eine militärische Infrastruktur wurde nicht aufgebaut. Es gab weder Wege für Truppentransporte nach Süden noch Bemühungen, einen Hafen im Süden der Insel auszubauen und mit dem Norden zu verbinden, was militärisch dringend notwendig gewesen wäre. In den sechs Monaten nach Beginn des italienischen Angriffs im Oktober 1940 legten die Briten auf den Flugplätzen nicht einmal Behelfslandebahnen an, was eine deutsche Pioniereinheit nach Antony Beevor vermutlich in zwei Stunden fertig gebracht hätte.

Es ist logisch und leicht zu erklären, warum dem so war. Die britische Regierung musste auf die Einhaltung der Verträge achten. Die Briten hatten Griechenland die Verteidigung der Insel Kreta noch zu einer Zeit versprochen, als das Ausmaß der Gefahr nicht absehbar war. Warum sollten sie sich auf eine effektive Verteidigung einlassen, die eine Menge Material und Menschenleben kosten würde, wenn die Insel auf lange Sicht doch nicht zu halten war? Die Verluste waren seit dem Angriff der Deutschen deutlich höher, als gedacht.

Nachdem anfangs mehr als 20.000 Australier und Neuseeländer unter dem intensiven Bombardement durch die *Stukas* von der britischen Marine vom Festland nach Kreta transportiert worden waren, blieben sie dort als chaotischer Haufen unter den Olivenbäumen liegen und verwalteten sich praktisch selbst. Sie wussten gerade einmal, zu welcher Einheit sie gehörten, aber nicht, wo diese Einheit war. Sie waren teils ohne Helm oder Hut, und ihr Mantel war in den Nächten ihre einzige Zudecke. Von Ersatzhemden oder Socken keine Rede. Man kann sich leicht vorstellen, wie die Stimmung in dieser Truppe war. Was sie zusammenhielt, war die immense Entfernung zu ihren Heimatländern Neuseeland und Australien und die Tatsache, dass die Briten sie unter großem Einsatz gerettet und nach Kreta gebracht hatten. Tausende von ihnen wurden nach Ägypten weiter verlegt. Das walisische Bataillon allerdings blieb in Chania, einige andere in Iraklion (*The Black Watch*, *Lancaster* und *Sutherland Highlanders*). Eine große Zahl australischer Freiwilliger kam nach Rethymnon. Sie alle wurden von den Kretern als Helden gefeiert. Bis heute hat sich diese Einstellung nicht geändert.

Wenn man in deutschen Büchern oder im Internet Zahlen zur Kriegsgeschichte sucht, dann vermehrt sich die Zahl der Alliierten von Absatz zu Absatz. Sicher ist nur eines: Auf dem Weg vom Festland nach Ägypten waren alle Australier und Neuseeländer in Kreta ohne schwere Waffen, die waren nach Afrika transportiert worden.

Welcher Heerführer nimmt seinen Soldaten die Kanonen weg, wenn er auf Sieg setzt? Die Neuseeländer und Australier erfuhren dann, dass sie auf Kreta bleiben mussten, und ihre Stimmung war entsprechend. Unter anderem wird berichtet, dass Offiziere verprügelt wurden und dass die höheren Offiziere, wenn sie Unregelmäßigkeiten beobachteten, keine Bestrafung durchsetzen konnten, sondern froh waren, heil in ihr Quartier zurückzukommen.

Das Kommando war wohl auf Entscheidung des britischen Premiers Winston Churchill an den General Freyberg übertragen worden, einen Neuseeländer, der die Dominion-Streitkräfte aus Neuseeland und Australien befehligen sollte. Churchill hatte auch 1914 in Galopoli Australier und Neuseeländer in Himmelfahrtkommandos eingesetzt.

Nachdem der Offizierkorps den Befehl erhalten hatte, Kreta zu verteidigen, formierte sich unter den Kommandeuren der Einheiten Widerstand gegen General Freyberg, der so groß war, dass man sich wundern muß, dass er sich überhaupt durchsetzen konnte. General Freyberg war in Neuseeland Zahnarzt, bis er 1905 seinen Beruf aus Abenteuerlust aufgab. Er trat in die britische Armee ein und diente sich durch Tapferkeit und Draufgängertum bis zum General hoch.

Die Kommandeure bekamen den Befehl, Kreta wie auch immer zu verteidigen, wobei ihnen außer den erwähnten

- eher euphemistisch so genannten - Truppen auch das walisische Bataillon mit der Disziplin einer regulären Einheit zur Verfügung stand. Der Oberbefehlshaber der alliierten Streitkräfte im Ostmittelmeer, Sir Archibald Wavell, kam nach Kreta und gab den Kommandeuren dort die Handlungslinie vor. Die waren angesichts der zu erwartenden Konsequenzen entsetzt. Jede Hilfe, die sie als Befehlshaber auf Kreta beantragten, wurde abgelehnt, so dass sie vermutlich ahnten, dass sie geopfert werden sollten.

Im Krieg kann man alle harten Entscheidungen als zynisch einstufen, da es immer um Menschen geht. Nach dem, was Autoren heute darüber schreiben, müssen alle für die Verteidigung Kretas damals Verantwortlichen nicht nur halbe, sondern ganze Idioten gewesen sein. Jeder weiß, was hätte gemacht werden müssen, um die deutsche Okkupation zu vereiteln. So wird heute kritisiert, dass die Waliser zur Verteidigung des Flugplatzes oder dessen Umfeldes nicht in Position gebracht worden sind. Natürlich nicht. Die Armeeführung hatte das Bataillon um ihr Hauptquartier herum postiert. Die Konzeption wird im Folgenden erkennbar.

Die auf Kreta stationierten Vertreter der griechischen Armee boten den Alliierten an, ihnen italienische Gefangene als Bäcker und Köche zur Verfügung zu stellen. Dieses Angebot lehnten die Australier und Neuseeländer entrüstet ab mit der Begründung, man könnte sie ja vergiften. So stellten die Griechen ihnen griechische Köche und Bäcker zur Verfügung und ließen sich selbst von den Italienern bekochen.

Unter den neuseeländischen Truppen waren auch Maoris, deren Funktion ähnlich der von nepalesischen Gurkhas war und die sich im Krieg ähnlich verhielten. Gurkhas kamen aus dem Himalaja-Gebiet und galten als unerbittliche und grausame Kämpfer. Die Maoris hatten ein sehr ausgeprägtes Selbstbewusstsein und ordneten sich weniger gut unter, als ihre Kommandeure es gern gehabt hätten.

Die auf Kreta kämpfenden Männer waren wie die Neuseeländer und Australier Freiwillige, die im Soldatsein eine sinnvolle Betätigung sahen. Die Solidarität der Neuseeländer und Australier mit den Briten hatte eine gute Tradition.

Freyberg hatte also die übernommene Verpflichtung der Briten umzusetzen, die Insel zu verteidigen, und das erledigte er auf für einen Soldaten typische Weise: Nie einen Befehl verweigern, seine Ausführung starten. Was als Ergebnis dabei herauskommt, ist eine ganz andere Sache.

Als Befehlshaber ordnete Freyberg die Einberufung eines Jahrgangs junger Kreter an und ließ sie von griechischen Offizieren in Reih und Glied aufstellen. Er gab ihnen keine Uniformen, obwohl welche vorhanden waren. Als Waffen bekamen sie verschiedenartige Karabiner, unter anderen aus Beständen der österreichischen Armee aus dem Ersten Weltkrieg, dazu je drei Patronen, die aber nicht zu den Karabinern passten. Diese kretischen Rekruten wurden ohne Grundausbildung an der Peripherie der erwartenden Kampflinie eingesetzt. Formaljuristisch ein Ding der Unmöglichkeit, und davon zehrte die deutsche Propaganda auch lange Zeit.

Das Dilemma des Geheimnisträgers

Bevor von der Leistung und dem Verhalten Freybergs auf Kreta die Rede sein wird sei erwähnt, dass er später zum Generalgouverneur seines Landes ernannt wurde (einer Art Stellvertreter des Königs). Freyberg erhielt über das Kriegsgeschehen in Griechenland Informationen, die so präzise und geheim waren, dass er absichtlich falsch darauf reagieren konnte, damit seine spezielle Quelle vom Feind unentdeckt bliebe (die Briten hatten den deutschen Geheimcode *Enigma* entziffert).

Es ist belegt, dass Freyberg von höherer Stelle den Befehl bekommen hatte, den Flugplatz Maleme nicht zu zerstören. Als klar war, dass der Flugplatz nicht mehr gehalten werden konnte, wurde Freyberg gefragt, ob die Landebahn vermint werden soll, und da verneinte er. Sowohl Beevor als auch die deutsche Propaganda von damals waren der Meinung, er habe nicht gewusst, wie man Krieg führt.

Ein Sieg der Briten auf Kreta wäre aber ein Pyrrhussieg gewesen, wie ihn das Königreich Hannover gegen die Preußen in Langensalza errungen hat, ein Sieg, der letztlich die Kapitulation Hannovers bewirkte.

Freyberg war von ihm untergebenen Offizieren aufgefordert worden, auf der anderen Seite des Flusses, der den Flugplatz Maleme nach Westen hin begrenzt, also am Ende der Landebahn Soldaten zu stationieren. Er zögerte und sagte, dass er die griechischen Militärbehörden fragen würde, ob sie eine Division, die in Kastelli stationiert sei (etwa 15 Kilometer westlich von Maleme) dorthin verlegen könnten. Am 15. Mai 1941 - am 17. wurde der Angriff der Deutschen erwartet - sollen die Griechen die Verlegung der Division zugesagt haben, aber Freyberg lehnte ab. Er sagte, sie könnten in so kurzer Zeit keine Verteidigungsgräben mehr schaufeln und brauchten deswegen erst gar nicht zu kommen. Das Erstaunliche dabei ist, dass diese Einheit unter seinem persönlichen Befehl stand und dass er selbst hätte über sie entscheiden können. Das Ergebnis war, dass die Alliierten 200 Meter westlich der Landebahn keine Verteidigung hatten. Unklar ist, warum einem sonst so gewieften Soldaten wie Freyberg nicht einleuchten wollte, was das für den Verlauf des Kampfes zu bedeuten hatte.

General Student

An der Westfront in Belgien setzte die deutsche Luftwaffe erstmals Fallschirmjäger ein. Fallschirmjäger konnten hinter der Front, im Rücken des Gegners abgesetzt werden und den Nachschub stören, Kommandostellen aushebeln, neue Frontlinien im kleinen Format schaffen. Diese Einheit gehörte zur Luftwaffe und unterstand Feldmarschall Göring.

Student und Göring kamen auf die Idee, das von der britischen Flotte geschützte Kreta durch eine groß angelegte

Invasion aus der Luft anzugreifen und die Flughäfen zu erobern. Von dort aus die Insel zu besetzen, war militärtechnisch kein Problem. In Deutschland war schon mit großem propagandistischem Getöse eine Fallschirmjägeraktion angekündigt worden, verbunden mit der Aufforderung, dass jeder anständige junge Mann dabei sein sollte. Es wurden Freiwillige rekrutiert, der bekannteste war Max Schmeling. Alle befanden sich noch im Rausch des erfolgreichen Blitzkrieges gegen Frankreich, und keiner in der Militärführung kam auf die Idee, dass es nicht klappen könnte. Keiner, bis auf einen, der Recht behalten sollte, und das war Adolf Hitler selbst. Er war gegen den Einsatz der Fallschirmjäger. Aber nachdem sich Göring und später auch der Generalstab für die Aktion ausgesprochen hatten, stimmte Hitler widerwillig und unter Vorbehalt zu.

Für das militärische Unternehmen war das eine große Belastung, Göring stand unter hohem Erfolgsdruck. Für General Student, den ehrgeizigen Führer der Fallschirmjäger, stand alles auf dem Spiel. Dass die Alliierten eine Menge Soldaten vom Festland nach Kreta verlegt haben könnten, war bei der Planung dieses Unternehmens wahrscheinlich nicht einkalkuliert worden.

Student hatte alle höheren Berufsoffiziere sowohl bei der Planung als auch bei der Ausführung gegen sich. Die Fallschirmjäger waren eine neue Truppenform, die sich bis dahin nur ein einziges Mal bewährt hatte. Ihr Einsatz auf Kreta war aber propagandistisch dermaßen aufgebauscht worden, dass niemand außer Hitler Bedenken dagegen äußern durfte.

Feldmarschall List, der den Balkanfeldzug der deutschen Wehrmacht erfolgreich bis Athen und bis zum Peloponnes geführt hatte, erhob starke Einwände gegen die Eroberung Kretas durch die Fallschirmjäger. Seine Bedenken wurden übergangen, indem der Einsatz als reine Luftwaffenaktion deklariert und somit zur Angelegenheit von Göring wurde. Göring war sich sicher, dass er, nachdem die Schlacht um England verloren gegangen war, mit einem erfolgreichen Luftlandeunternehmen auf Kreta etwas Spektakuläres präsentieren und sein Image wieder aufpolieren konnte.

Gut ausgebildete, disziplinierte und tapfere Soldaten sind natürlich wichtig für jede Armee. Doch die Führung hat auch die Verpflichtung, sie verantwortlich einzusetzen. In diesem Fall hatte die Führung, die aus den Generälen Löhr und Student bestand, keinerlei Informationen über Kreta, weder über das Gelände und die Menschen, die dort lebten noch über eventuelle Gegenmaßnahmen der dort vorhandenen alliierten Kräfte. Sie verließen sich auf die Informationen, die ihnen die Engländer beziehungsweise griechische Doppelspione zuspielten.

Die Fallschirmjäger wurden psychologisch auf ihre Aufgabe mit der Behauptung vorbereitet, sie würden von den Kretern als Befreier empfangen und gefeiert. Student selbst war der Überzeugung, dass dem auch so sei. Er war seiner eigenen Propaganda aufgesessen, die dazu bestimmt war, das Volk und die einfachen Soldaten mitzureißen.

Professor Fleischer, der an der Uni Athen lehrt, schreibt, dass die Ignoranz der deutschen Militärführung gegenüber der Realität auf Kreta bis Ende des Krieges andauerte.

Die Luftaufklärung war so schlecht, dass sie bis etwa eine Woche vor dem Angriff noch Bilder von einer von Soldaten freien Insel zeigte, was die Planung und das Unternehmen stark beeinflusste.

Bereits im November 1940 sagte der damalige britische Kommandeur des Stützpunktes Kreta voraus, dass drei Punkte als Ziele für eine Invasion aus der Luft in Frage kämen, nämlich Maleme, Rethymnon und Iraklion, wo Landemöglichkeiten bestanden.

Als die ersten Fallschirmjäger beim See von Aya, bei Maleme und in der Nähe der alliierten Kommandozentrale absprangen, wurden sie erwartet und abgeschossen wie die Enten bei der Jagd. Für die Deutschen ein Desaster ohnegleichen. Wie mir Verwandte von Betroffenen berichtet haben, bekommen ehemalige Fallschirmjäger heute noch Weinkrämpfe und Wutanfälle, wenn sie sich daran erinnern. Ein sehr netter und freundlicher Mann, der auf Kreta als Fallschirmjäger im Einsatz war, sagte mir, dass er und seine Kameraden mit dem Tod gerechnet hatten.

Wenn man dem Feind so präzise Informationen wie in diesem Fall zugänglich macht, dann ist das tödlich. General Student jedoch hatte kaum mit Gegenwehr gerechnet, obwohl er von höchster Stelle gewarnt worden war. Er konnte nicht wie List strategisch denken. Er wollte seinen eigenen Plan durchziehen, und dabei hat er in drei Tagen von seinen 5000 Fallschirmjägern 3500 verloren.

Die Invasion

Theoretisch waren die Briten gut auf den Angriff der Deutschen vorbereitet, nicht so in der Praxis. Als die Deutschen mit 2360 Fallschirmjägern vor Iraklion waren, wusste niemand, wo der britische Kommandeur war. Entweder gab es keine Telefon- oder Funkverbindung zwischen Chania und Iraklion, oder Freyberg hat sie nicht benutzen wollen. Seine Soldaten vermuteten ihn beim Einkaufen oder bei seiner Freundin.

Die Briten wehrten die Deutschen aber dennoch erfolgreich ab. Zu deren Glück hatte sich der kommandierende Offizier Bräuer mit ihnen auf einen Hügel retten können, wo sie sich so lange halten konnten, bis die Besatzungstruppen sie aus ihrer misslichen Lage befreiten.

In Rethymnon kam es für die Deutschen zu einem Desaster ohnegleichen. Die Fallschirmjäger mussten entlang der Küste abspringen, ablandiger Wind trieb jedoch viele aufs Meer hinaus, wo sie ertranken. Sich vom Schirm zu befreien dauerte etwas mehr als anderthalb Minuten. Das war tödlich. Der Großteil dieser 1380 Fallschirmjäger wurde von den Australiern empfangen, getötet oder gefangengenommen. Volkmar Kühn - das ist eines der Pseudonyme von Franz Kurowski - zählt in seinem Buch Abläufe, Befehle und Rückmeldungen auf, verschweigt aber Wesentliches: nämlich dass sie in eine Falle geraten waren (*Deutsche Fallschirmjäger im Zweiten Weltkrieg. Grüne Teufel im Sprungeinsatz und Erdkampf 1939-1945*. Stuttgart 1974).

Bevor ich zur weiteren Entwicklung komme, möchte ich von einem Vorfall im Hauptquartier beziehungsweise in Freybergs Haus berichten, so wie ihn damals dort Anwesenden geschildert haben. Früh morgens gegen 6.30 Uhr kam der Offizier Woodhouse mit frisch eingetroffenen Informationen zur Villa, die Freyberg bewohnte. Freyberg bat den Offizier, mit ihm zu frühstücken, und der war froh darüber, denn die Versorgung der Truppe war nicht so gut wie die Freybergs. Es gab Porridge. Als ein Wachhabender bemerkte, dass der Himmel westlich von Chania voller Flugzeuge war, wusste er nicht, ob er es wagen durfte, den Kommandeur darauf aufmerksam zu machen. Schließlich nahm er all seinen Mut zusammen und meldete: „Der Feind ist da, wir haben Krieg." Freyberg schaute aus dem Fenster und sagte in typisch britischem *understatement*, das sogar seinen Untergebenen beeindruckte: „Ach ja, sie sind absolut pünktlich." Jetzt liefe alles wie von ihm geplant.

Um Chania herum wurden die Deutschen noch in der Luft abgeschossen. Nicht von Griechen, sondern von Australiern und Neuseeländern. Die Order für sie lautete: Auf die Stiefel zielen, denn sie sinken, und so trifft man den Körper auf jeden Fall.

Mehr als 900 deutsche Soldaten sind auf diese Weise bei Aya umgekommen. Nördlich von Aya waren auf Hügeln Strohpuppen aufgestellt und Scheingräben ausgehoben worden, um die Luftaufklärung der Deutschen zu täuschen. Die reagierten wie geplant. Um der Gefahr zu entgehen, versuchten sie südlich davon zu landen und gerieten in einen Hinterhalt.

Danach gab es erbitterte Kämpfe um den Flugplatz Maleme herum. In ganz Kreta wurden etwa 200 JU-52 (Standardflugzeuge der deutschen Luftwaffe) abgeschossen. Am Ende des zweiten Tages der Invasion waren um den Flugplatz herum nicht mehr als 56 Fallschirmspringer noch am Leben. Die Briten hielten zu dieser Zeit ihre Position auf dem angrenzenden Hügel und in der Umgebung, aber sie hatten kein Wasser und keine Munition mehr.

Kein Wasser, das ist leicht geschrieben und überliest sich auch leicht. Die gelandeten deutschen Soldaten hatten ebenfalls kein Wasser. Es gibt dort nur den Aya-See und zwei kleine Flüsse, die nur im Winter Wasser führen. Um an Wasser zu gelangen, hätten sie zu einer Quelle vordringen müssen. Wie hätten sie das anstellen sollen, da sie doch erwartet worden waren? Sie liefen Gefahr, drei Tage nach dem Absprung zu verdursten!

Am Nachmittag des zweiten Tages ließ Student zwei Kompanien östlich des Flugplatzes bei Kontomarie abspringen. Am Boden wurden die Fallschirmjäger von den Maoris empfangen. Sie wurden getötet. Alle!

Die *Maori Warriors* kämpften unkonventionell: Bajonett und Messer waren ihnen vertrauter als das Maschinengewehr. Beevor beschreibt in seinem Buch das, was bei Kontomarie geschah im Kapitel *Schlachtfest*.

Es war den Griechen bekannt, dass deutsche Soldaten beziehungsweise Fallschirmjäger Kameraden mit Bajonetten an Bäumen aufgespießt vorfanden, der Bauch aufgeschlitzt, die Augen ausgestochen. Aber das hatten nicht die Kreter getan.

Mein Onkel Kimon, der Mathelehrer, erzählte mir 2004, dass die Maoris bei ihrem Rückzug Halsbänder aus Hoden von deutschen Soldaten getragen hätten. Dazu erfuhr ich von jemand anderem, sie hätten Gürtel aus abgeschnittenen Ohren umgehabt.

Die Endphase

Marschall List und sein Stab erklärten die Invasion durch die Fallschirmjäger als gescheitert. Es war zu erwarten, dass General Student mit ernsten Konsequenzen zu rechnen hatte. Student aber, der noch immer den Oberbefehl hatte, wollte nicht aufgeben und unternahm einen verzweifelten und letztlich erfolgreichen zweiten Versuch.

Ein Brigadegeneral der griechischen Luftwaffe erzählte mir Mitte der 90er Jahre, dass General Student zuletzt die

JU-52 auf der unter Feuer liegenden Landebahn landen ließ und so den Flugplatz mit großen eigenen Verlusten schließlich eroberte. Dazu passt ein Fall aus meiner Arztpraxis. Ein älterer Mann aus dem Landkreis Celle fragte mich, ob ich ihm helfen könne, eine Erklärung zu finden für etwas, was ihn sein Leben lang beschäftige. Er war als Fallschirmjäger in Maleme abgesprungen. Am zweiten Tag lag er mehr tot als lebendig nahe dem Meer mit einem noch funktionierenden Funkgerät. Er bekam die Anweisung, jedes Mal, wenn die *Flak* schoss, ins Gerät *bum* zu schreien. Ich hatte das Gefühl, dass der Schutz meines Patienten ein höheres Gut darstellt als die historische Erkenntnis. Später habe ich es bereut, aber ich erinnere mich, dass ich das Gefühl gehabt habe, ich müsste ihn vor der grausamen Wahrheit schützen: die zynische Handlung eines Generals, die militärisch jedoch Sinn machte. Student wollte von ihm nämlich die Frequenz der Schüsse erfahren und wie lange das Nachladen dauerte. Ich nehme an, dass er nach dem letzten Schuss landen ließ. Wenn zwei Maschinen durchkommen würden, hätte er 25 Soldaten mehr am Boden.

Ein Fallschirmjäger, der sich damals etwa auf Höhe des heutigen Soldatenfriedhofs Maleme befand, berichtete mir wie folgt: „Eine Maschine flog in einer merkwürdig ungeraden Linie und landete am Strand, obwohl der unter Beschuss lag. Aus dem Flugzeug sprangen Soldaten mit Material für die Kämpfenden. Sie brachten einen Verletzten (Kommandeur Meindl) an Bord, dann startete die JU-52 wieder.

Die *Flak* schoss nach Kräften, aber es kamen immer mehr Maschinen, die Mühe hatten auf der stark beschädigten Landebahn aufzusetzen. Zwei Maschinen stießen in diesem Gedränge zusammen und gingen in Flammen auf. Die Abwehrkanonen feuerten intensiv weiter." An mehr konnte sich mein Augenzeuge nicht erinnern, immerhin beschrieb er das Geschehene realistischer als Volkmar Kühn.

In den landenden Flugzeugen befanden sich jetzt keine Fallschirmjäger mehr, sondern Gebirgsjäger. Kreta wurde faktisch von der 5. Gebirgsjägerdivision erobert. Die Fallschirmjäger waren aufgerieben oder im Gelände verstreut. General Student schrieb die Eroberung Kretas dennoch seinen Fallschirmjägern zu, weil er so sein Versagen kaschieren konnte.

Der Flugplatz bei Maleme war nicht mehr zu halten, denn die durch den australischen Kommandeur angeforderte Hilfe war abgelehnt worden. Die Australier machten die Kanonen unbrauchbar und traten den Rückzug an. Die militärische Ausbildung der Australier und Neuseeländer war bescheiden im Vergleich zu der deutscher Gebirgsjäger, und so wendete sich die Lage ab dem dritten Tag schnell zum Vorteil der Invasoren. Von ihrem Hauptquartier aus, das auf der Westseite der Halbinsel Akrotiri lag, konnten die Briten beobachten, dass eine JU-52 zum Landen, Entladen und Wiederabheben 90 Sekunden brauchte. Zu den Gebirgsjägern kamen in der Folgezeit noch weitere 12.000 Soldaten.

Die Kriegspropaganda verbreitete später die Legende, dass tapfere Soldaten in persönlichem Einsatz mit Handgranaten die britische *Flak* ausgeschaltet hätten. Ein Soldat erhielt dafür *posthum* das Eiserne Kreuz. In seinem den deutschen Überfall glorifizierenden Buch *Kampf um Kreta* schreibt selbst Franz Kurowski, dass, als die Deutschen die *Flak* zerstören wollten, kein einziger Verteidiger mehr da war. Es ist mittlerweile offiziell, dass die Verteidigungstruppen weder Trinkwasser noch Munition gehabt haben.

Die Kämpfe hielten noch eine Woche an. Wobei „Kämpfe" nicht ganz der Realität entspricht. Die Alliierten waren auf der Flucht, und weil sie ohne Funkverbindung waren, also nichts über den Frontverlauf wussten, konnten die Deutschen etwa 6000 von ihnen gefangennehmen. Die auf die Fallschirm- und Gebirgsjäger folgenden Soldaten waren von anderem Ethos: Eine nationalsozialistisch indoktrinierte und propagandistisch auf Rache eingestimmte Besatzungstruppe übernahm das Kommando.

Nach offiziellen Angaben hatten die Deutschen bei der Einnahme von Kreta 3714 Gefallene und 2500 Verwundete zu verzeichnen. Die australische Kriegsgräberkommission schätzte 1945 die Verluste der Deutschen auf etwa 17.000

Mann. Diese große Zahl ergibt sich dadurch, dass die britische Admiralität behauptet hat, eine Division von 15.000 Mann sei in der Nacht vom 20. auf den 21. Mai 1941 versenkt worden. Sie habe versucht vom Meer her anzugreifen. Doch nach Beevor handelte es sich um weniger als 300.

Die Kreter

Nun zur Frage, ob sich die kretische Zivilbevölkerung aktiv am Abwehrkampf beteiligt hat oder nicht. Die Antwort ist: Ja, sie hat sich beteiligt. Als die ersten Fallschirme bei Chania vom Himmel fielen, schlugen Anwohner Alarm. Ein Pope bei Alikianou, etwa zwei Kilometer südlich von Chania, läutete die Glocken, und die Menschen ergriffen jede Waffe, deren sie habhaft werden konnten und sicherten den Zugang zu ihren Dörfern so weit sie konnten. Die Briten schätzen die Zahl der bewaffneten Zivilisten auf etwa 2000, was viel ist, wenn man bedenkt, dass es spontan zu dieser Mobilisierung kam.

Als die Deutschen die Flugabwehrkanonen in Maleme durch Umgehen einiger Hügel von hinten angreifen wollten, wurden sie von Zivilisten beschossen. Weil sie durch die Australier und Neuseeländer bedrängt wurden, konnten die versprengten deutschen Gruppen nicht an die Peripherie ausweichen, denn auch dort wurden sie von Zivilisten beschossen. Sie waren verzweifelt. Gewöhnlich formieren sich Widerstandsgruppen und Gegenbewegungen etwa ein Jahr nach einem Angriff auf ihr Land, doch auf Kreta gelang das innerhalb von zwei Stunden.

Neuseeländer und Australier ließen sich kurz nach der gescheiterten Schlacht um England nicht so gut als Gegner vermarkten. Man brauchte eine Erklärung und einen Schuldigen. Wie der amerikanische Historiker und Völkerrechtler Alfred-Maurice de Zayas in seinem Buch (*Die Wehrmacht-Untersuchungsstelle - Deutsche Ermittlungen über alliierte Völkerrechtsverletzungen im Zweiten Weltkrieg.* München 1979, S. 188f.) erwähnt, sollten anfänglich die alliierten Kräfte (Maori) für die Verstümmelungen zur Rechenschaft gezogen werden, doch dann informierte das Reichsaußenministerium das State Departement dahingehend, dass es die Kreter dafür verantwortlich machen werde.

Student erließ dann zehn Tage nach Beginn der Invasion und etwa eine Woche nach der vollständigen Besetzung Kretas folgenden Befehl:

„Es kommt nun darauf an, alle Maßnahmen mit größter Beschleunigung durchzuführen, unter Beiseitelassung aller Formalien und unter bewusster Ausschaltung von besonderen Gerichten, sie kommen für Bestien und Mörder nicht in Frage."

General Andrae

Ende Mai war die Okkupation Kretas abgeschlossen, und die Verwaltungstruppen, die mit den kämpfenden Truppen nicht viel zu tun hatten, taten so, als ob alle Grausamkeiten, die den Fallschirmjägern widerfahren waren, von den unzivilisierten Kretern entgegen der Genfer Konvention begangen worden waren.

Der Beschluss des deutschen Ministeriums für Außenpolitik, die Gräueltaten nicht den Alliierten, sondern den Kretern zuzuschreiben, wurde nur einem sehr engen Kreis mitgeteilt, vermutlich Regierungsmitgliedern, einigen Botschaftern und dem Kommandanten von Kreta.

Da Student, Göring und die Wehrmacht immer wieder auf Strafaktionen gegen die Kreter gedrängt hatten, musste der nachfolgende Kommandant im Sinne von Student vorgehen. Für Letzteren hatte das Kaschieren des Desasters der Fallschirmjäger beim Angriff auf Kreta Priorität.

Der erste Kommandant Kretas nach Abzug der Kampftruppen war der General der Artillerie Alexander Andrae. Geboren 1888, wurde er 1907 Fähnrich, 1908 Leutnant, 1914 Oberleutnant, 1915 Hauptmann. 1920 wechselte er zur Polizei, zunächst im Dienstgrad eines Hauptmanns. Nach 1920 wurde er Polizei-Major, 1933 Polizei-Oberstleutnant, 1934 Polizei-Oberst, 1938 Generalmajor, 1940 Generalleutnant. In den 20er Jahren war Andrae Direktor der höchsten deutschen Polizei-Schule in Eiche, in den 30er Jahren Direktor des Polizei-Instituts in Berlin. Er war also mit allen politischen und militärischen Wassern gewaschen.

Ab dem 1. Juni 1941 hatte Andrae das Kommando über die *Festung Kreta*. Am 1. Juli 1941 wurde er zum General der Luftwaffe ernannt und unterstand damit direkt Feldmarschall Göring.

In Band III der *Geschichte der deutschen Kriegswirtschaft 1939-1945* von Dieter Eichholtz steht in dem von Professor Fleischer verfassten Kapitel, dass Deutschland ein langfristiges Interesse an dem *unversenkbaren Flugzeugträger Kreta* hatte, da Kreta geopolitisch für den östlichen Mittelmeerraum von immenser Bedeutung war. Nach Informationen, die über Unterlagen der Vichy-Regierung zugänglich wurden, sollte Kreta für immer in deutschem Besitz bleiben.

Bereits im Juni 1941 wies Hitler durch die *Führerweisung Nr. 31* der Insel eine Sonderstellung zu und ernannte Kreta zur *Festung*. General Andrae bekam wegen seiner Vollmachten und seiner weitgehenden Autonomie den Beinamen *Kaiser*.

Wenn man den Werdegang des Generals kennt, versteht man auch, was dann passiert ist. Wenn wahr ist was heute an historischen Informationen durchsickert, dann muss manches Kapitel neu geschrieben werden.

Der Regierungsbeschluss hat eine typisch deutsche Fortsetzung. Verwaltung ist eben Verwaltung, und bei einer deutschen muss alles juristisch korrekt sein. General Andrae setzte Militärrichter ein, die die von den Kretern angeblich begangenen Gräueltaten belegen und dokumentieren sollten. Die Richter wiederum beauftragten Ärzte, die die Leichen der deutschen Soldaten begutachten sollten. Die Ärzte gaben keinen Bericht ab. Warum nicht? War General Andrae ein unfähiger Mann, oder gab es die von Kretern begangene Gräueltaten gar nicht?

Die Militärspitze in Berlin und Athen erhöhte den Druck auf Andrae. Im Oktober 1941, also fünf Monate später, wurde berichtet, dass die vorgefundenen Verstümmelungen *post mortem*, das heißt nach dem Tod entstanden waren. Diese verstümmelten Leichen waren die von ertrunkenen Soldaten, die in der Nähe von Kastelli geborgen wurden, also etwa 15 Kilometer Luftlinie westlich des Kampfgebietes.

Professor von der Heydte, nach dem Krieg Professor für Kriegsrecht, sagte im Juni 1958 als Zeuge vor Gericht aus, er habe in dieser Region mitgekämpft, aber nie Gräueltaten seitens der Kreter erlebt. Im gleichen Prozess berichtete der Zeuge F. P. W., der als Kriegsberichterstatter über Maleme abgesprungen war, er habe in den entscheidenden drei Tagen mehr als 600 gefallene Soldaten gesehen, aber keinen einzigen verstümmelten: „Ich habe keine Toten gesehen, die irgendwelche Merkmale einer Massakrierung aufwiesen." Allerdings war er nicht in Kontomarie abgesprungen, sonst hätte er wegen der *Maori Warriors* gar nicht berichten können.

Nach der damals übereinstimmenden Meinung der Kreter (und mancher deutscher Offiziere) führte Andrae ein so grausames Regime, dass es den zuständigen Offizieren in Athen dann doch zu bunt wurde und sie einen Major nach Chania schickten, um ihn unter Druck zu setzen. Das bekam dem Major nicht gut. Er hätte am nächsten Tag standrechtlich erschossen werden sollen. Die Militärärzte verabreichten ihm aber Fieber erzeugende Mittel und brachten ihn so in einen Zustand, dass sie intervenieren konnten und er nach Athen transportiert werden musste und so gerettet war. Diese Information sickerte durch über deutsche Offiziere, die bei Verwandten von uns wohnten.

Als ich in Wilhelmshaven am Städtischen Krankenhaus tätig war, hörte ich einmal abfällige Äußerungen über General Andrae, in der Art, dass er abgelöst worden sei und Standortkommandant in Varel bei Wilhelmshaven wurde. Ich dachte, dass der Mann tolle Beziehungen in Berlin gehabt haben musste, weil er nicht sofort an die Front versetzt worden war. Tatsächlich wurde Andrae 1945 als General der Artillerie an die Front in Rumänien versetzt.

Nach einer Information, die ich 2005 bekommen habe, soll Andrae ein ruhiger Mann gewesen sein. Das Sagen auf Kreta soll ein sadistisch veranlagter Polizei- oder Gestapo-Offizier namens Müller gehabt haben, der früher auf Rhodos gedient hätte, und der auch bei den Deutschen gefürchtet gewesen sei.

General Andrae sei degradiert worden, weil er sich, unter Lebensgefahr, einem Befehl Görings widersetzt habe. Das sei der Grund dafür, dass er nach dem Krieg, obwohl zum Tode verurteilt, nicht hingerichtet worden war. Er soll den Befehl erhalten haben, Kreta aushungern zu lassen. Bis jetzt konnte ich keinen schriftlichen Beleg dafür finden, aber die Briten haben ihn nach Deutschland gebracht und erst 1952 aus dem Gefängnis entlassen.

- Sedones 1 – Thomas Balistier: Der Diskos von Phaistos. Zur Geschichte eines Rätsels & den Versuchen seiner Auflösung. 120 Seiten, ISBN 978-3-9806168-1-2
- Sedones 2 – Thomas Balistier: Kretischer Raki – Raki-Kultur. Kreta und sein Nationalgetränk. Eine Einführung. 75 Seiten, ISBN 978-3-9806168-2-9
- Sedones 5 – Ulrich Kadelbach: Schatten ohne Mann. Die deutsche Besetzung Kretas 1941-1945. 124 Seiten, ISBN 978-3-9806168-5-0
- Sedones 6 – Pavlos Tzermias: Kreta von Knossos bis Kazantzakis. Wanderung durch eine faszinierende Kultur. 149 Seiten, ISBN 978-3-9806168-6-7
- Sedones 7 – Arn Strohmeyer: Dichter im Waffenrock. Erhart Kästner in Griechenland und auf Kreta 1941 bis 1945. 134 Seiten, ISBN 978-3-937108-07-0
- Sedones 9 – Hans Prescher: General Kreipe wird entführt. Ein Husarenstück auf Kreta 1944. 86 Seiten, ISBN 978-3-937108-11-7
- Sedones 10 – Zacharias G. Mathioudakis (Hg.): Eine Frühlingsfahrt nach Kreta. Ein historischer Reisebericht von Martin Rikli aus dem Jahre 1914. 112 Seiten, ISBN 978-3-937108-12-4
- Sedones 11 – Pavlos Tzermias: Nikos Kazantzakis' Odyssee. Unbekannte Aspekte des geistigen Weges eines berühmten Kreters. 158 Seiten, ISBN 978-3-937108-14-8
- Sedones 12 – Arn Strohmeyer: Faszination Kreta. Impressionen von einer alten und doch jungen Insel. 145 Seiten, ISBN 978-3-937108-19-3
- Sedones 13 – Pavlos Tzermias: Eleftherios Venizelos' historische Leistung. Der Weg eines „Weißberglers" zum Weltruhm. 176 Seiten, ISBN 978-3-937108-20-9
- Sedones 14 – Zacharias G. Mathioudakis: Der Lyraspieler. 66 Seiten, ISBN 978-3-937108-21-6
- Sedones 16 – Arn Strohmeyer (Hg.): Mythos Matala / The Myth of Matala. Ein Fotoband aus den 60ern und 70ern / Photographs from the Sixties and Seventies. 119 Seiten, ISBN 978-3-937108-26-1.
- Sedones 18 – Arn Strohmeyer: Die Lyra singt, tanzt und lacht. Vom Zauber kretischer Musik. 122 Seiten, ISBN 978-3-937108-30-8
- Sedones 19 – Jürgen Bosch: Matala. Fotoband mit 154 Fotos, 152 Seiten, ISBN 978-3-937108-31-5
- Sedones 20 – Karina Raeck (Hg.): Andartis – Monument für den Frieden. 209 Seiten, ISBN 978-3-937108-34-6
- Sedones 21 – Arn Strohmeyer: Wenn Zeus Europa nicht entführt hätte. 117 Seiten, ISBN 978-3-937108-36-0
- Sedones 22 – Arn Strohmeyer: Das kretische Abenteuer der Elpis Melena. Reisen und Leben unter osmanischer Herrschaft. 112 Seiten, ISBN 978-3-937108-37-7
